HABILIDADES PARA NIÑOS

Ben Furman

Habilidades para niños

Un nuevo método para ayudar
a los niños a superar
sus problemas emocionales
y de comportamiento

Traducción de:
ADAY RENDÓN HERNÁNDEZ

Herder

Título original: *Kids' Skills in Action*
Traductor: *Aday Rendón Hernández*
Diseño de portada: *Gabriel Nunes*

Este libro fue originalmente publicado bajo el título finlandés
Muksuopin lumous – Luova tapa auttaa lapsia voittamaan psyykkiset ongelmat

© 2016, Ben Furman
© 2017, Herder Editorial, S. L., Barcelona

ISBN: 978-84-254-3961-2

Cualquier forma de reproducción, distribución, comunicación pública o transformación de esta obra solo puede ser realizada con la autorización de sus titulares, salvo excepción prevista por la ley. Diríjase a CEDRO (Centro de Derechos Reprográficos) si necesita reproducir algún fragmento de esta obra (www.conlicencia.com).

Imprenta: Sagrafic
Depósito legal: B - 19.246 - 2017
Printed in Spain - Impreso en España

Herder
www.herdereditorial.com

Índice

Prólogo 9
Reconocimientos 13
SECCIÓN 1. ¿Habilidades para niños? 15
Preguntas más frecuentes 17
SECCIÓN 2. *Habilidades para niños* paso a paso 29
Los quince pasos de Habilidades para niños 31
Los quince pasos en acción (niña de 12 años) 47

SECCIÓN 3. *Habilidades para niños* con menores
de 3 a 14 años 53

Consultar el inodoro para aprender a controlar la vejiga
(niño de 3 años) 55
Aprender a prepararse para volver a casa (niño de 4 años) 57
Entrenamiento en el orinal con «el rey de la caca»
(niño de 5 años) 63
Dejar de mojar la cama (niño de 6 años) 66
Permitir que los perros se acerquen (niño de 7 años) 68
El niño que se convirtió en el Jefe de Bomberos (niño de 8 años) ... 73
Hacer buenas migas con la hermana pequeña (niña de 8 años) 78
Domando la violencia (niño de 8 años) 84
Una agradable visita al hogar (niño de 8 años) 88
Aprendiendo a ser a puntual (niño de 8 años) 100
Se acabó el miedo a las caretas (niña de 9 años) 103
Una habilidad lleva a la otra (niño de 9 años) 109
El desafío de caminar con tranquilidad (niño de 10 años) 116
Dejar de decir palabrotas (niño de 10 años) 118
Superar el miedo a las arañas (niña de 10 años) 121
El agua puede ser leche (niño de 10 años) 130

Un juego familiar para empezar a comer de nuevo
(chica de 11 años) 136
Habilidades para niños y el Corán (niño de 11 años) 141
Volver a ser feliz después del divorcio de los padres
(niña de 11 años) 147
Encontrar una manera de lidiar con el maestro (niño de 11 años) .. 153
Aprender a dejar de jugar con videojuegos (chico de 14 años) 157

SECCIÓN 4. *Habilidades para niños* en grupos **163**

   El gusano perezoso y la hormiga obrera 165
   Una escuela llamada «La alegría de los niños» 170
   Niños aprendiendo nuevas habilidades 174
   ¿Cómo podemos llegar a ser una clase aún mejor? 179
   Cómo mejorar el ambiente de una clase especial 183
   Informar a los padres 189
   Una carta dirigida a una clase 191
   Cartas de Apoyo 193
   Ayudantes imaginarios 198

Epílogo 199
Fuentes de *Habilidades para niños* 203

Prólogo

Cuando leí este libro por vez primera me sentí impresionado y avergonzado. Tuve que preguntarme por qué diablos no habíamos sido capaces —ni otras personas ni yo mismo— de sacar las mismas conclusiones lógicas de hechos con los que estamos familiarizados; hechos que, además, constituyen el fundamento del presente libro, a saber: que a los niños no les gusta ser un problema o tener problemas —no saben cómo manejarse con ellos—, y por último, pero no por ello menos importante, que siempre están ansiosos por aprender cosas nuevas.

Según mi experiencia, la diferencia crucial entre el planteamiento de Ben Furman y nuestros intentos, más tradicionales, de ayudar, apoyar y cuidar a los niños consiste en que los segundos nunca logran que ellos se sientan valorados por los adultos que más les importan. Podemos ser muy amables y comprensivos, pero los niños con problemas siempre sienten que son una carga. Con el enfoque de Ben Furman, la autoestima de los niños puede crecer desde el primer día.

La infancia representa un largo proceso de aprendizaje. Durante ese tiempo, se exploran a sí mismos y exploran su entorno las veinticuatro horas de cada día de la semana. La mayoría de los adultos llaman «juego» a esta actividad de búsqueda, como si perteneciera a una categoría muy diferente de lo que conocen como «aprendizaje».

Asimismo, los niños a menudo desarrollan, por varias razones, diversos tipos de conductas, que aparecen y se juzgan muy diferentes cuando se ven desde fuera y cuando son vistas desde dentro. Cada vez más los adultos las etiquetan como «problemas de conducta»; y da escalofríos pensar cuán deprisa pasamos de decir que un niño tiene un problema a etiquetarlo como un «niño problema» —dándole, en consecuencia, una nueva identidad social y permitiendo que los expertos se hagan cargo de él.

El presente libro muestra que los niños pueden superar muchos de los llamados «problemas», mejor y más rápido, si nos acercamos a ellos de otra manera; si, en lugar de llamarlos así, los denominamos «procesos de aprendizaje», y si los niños se convierten en gestores de sus propios procesos de aprendizaje, trabajando en estrecho contacto con su red social y sirviéndonos de los profesionales que los ayudan como guías y entrenadores.

Como es obvio, ello puede significar una gran ventaja no solo para los propios niños, sino también para los maestros y otros cuidadores involucrados, que sabrán hacer aquello que son capaces de hacer —al dirigir los procesos de aprendizaje, en vez de intentar ejercer como una especie de «pequeterapeutas».

El libro describe una nueva forma de trabajar con la infancia, donde al niño, entre otras cosas, se le pide que nombre a un número de colaboradores procedentes de su entorno social —un maestro, algún amigo, una abuela, etc.—, sin que se olvide de los padres. En este sentido, cobra vital importancia la expresión «con el tipo adecuado de entrenamiento», lo cual significa que los padres tendrán una nueva tarea, que implica nuevos comportamientos —que remplazarán a los antiguos y, a menudo, menos apropiados—, con lo que se favorecerá así su autoconfianza como padres.

Nuestro enfoque terapéutico se ha centrado de manera tradicional en destacar la conducta inapropiada de los progenitores, y mediante el uso de la intuición, la comprensión y la oferta de nuevas experiencias, hemos intentado cambiar aquella en beneficio tanto del niño como de la relación entre este y los padres. Con demasiada frecuencia, dicho planteamiento tiene un efecto negativo en la autoconfianza y en la autoestima de estos; un efecto que, a menudo, hace más difícil que modifiquen su conducta.

Con el método *Habilidades para niños*, los padres obtienen una respuesta razonable a su persistente pregunta: «¿Qué debemos hacer al respecto?».Y esa respuesta constituye, claro está, una gran ayuda no solo para ellos, sino también para los profesionales, que pueden verse atascados en sus intentos de ayudar, bien intencionados pero inútiles.

En concreto, este —el apoyo del entorno social— constituye el núcleo central del método *Habilidades para niños*, que es mucho más que solo una forma nueva e inteligente de tratar a la infancia. En una de nuestras conversaciones, Ben Furman me decía que, cuando la conducta autodestructiva del niño cambia como resultado de *Habilidades para niños*, de hecho se trata solo de un «afortunado efecto secundario» del método. Lo importante es lo que sucede en el entorno donde se encuentra el niño, esto es, la mejora en la calidad de las relaciones del niño con otras personas, que son, en última instancia, el factor más decisivo para determinar si los niños conseguirán integrar su nuevo aprendizaje en su desarrollo personal.

El método exige mucho de los profesionales que dirigen los procesos de aprendizaje de los niños según dicho planteamiento. En primer lugar, porque necesitan tener la confianza de que los chavales pueden cambiar. En segundo lugar, porque deben ser capaces de permanecer en sintonía con la velocidad de aprendizaje del niño y, en tercer lugar, porque deben estar dispuestos a jugar y contactar con la red social del niño para movilizarla y estabilizarla.

Habilidades para niños representa un método de cambio basado en los términos en que se mueve el niño; invita a los adultos a unirse al universo infantil en lugar de centrarse en los síntomas de aquel. Es probable que a algunos profesionales les resulte difícil dejar de lado el enfoque tradicional centrado en el problema, pero para aquellos que confían en la capacidad del niño de ser responsable y creativo, y para quienes comprenden el significado de la cualidad de las relaciones primarias para los niños, se trata de un regalo.

El presente libro y su filosofía pueden resultar, además, muy útiles para los padres. Por la experiencia que he tenido con muchas familias, este método ayuda a que se den cuenta de que muchos conflictos cotidianos con bebés, niños, e incluso preadolescentes, se resuelven mucho mejor cuando los padres se percatan de que su hijo no tiene un problema de desarrollo, sino más bien una habilidad más por aprender.

JESPER JUUL

Reconocimientos

Este libro no habría sido posible sin las generosas aportaciones de distintas personas de todo el mundo que han estado dispuestas a compartir sus experiencias en la aplicación de *Habilidades para niños*, y tampoco habría visto la luz sin el permiso de los niños y sus familias.

Considero a mis colegas Tapani Ahola, Tuija Terävä y Sirpa Birn coautores del presente libro. *Habilidades para niños* es el resultado de una colaboración de varios años. Sus aportaciones, comentarios y sugerencias me han servido de gran ayuda en el desarrollo de estas páginas.

Un agradecimiento especial a mi pareja, Louise, cuyas palabras de aliento, sus agudas observaciones y, sobre todo, sus invitaciones a mantener sesudas conversaciones acerca de las posibles limitaciones, las consideraciones éticas y los supuestos básicos de *Habilidades para niños* me han enseñado una humildad que espero quede reflejada en este libro.

Muchas gracias de todo corazón.

SECCIÓN 1
¿Habilidades para niños?

Preguntas más frecuentes

¿Qué es *Habilidades para niños*?

Habilidades para niños es un método paso a paso para ayudar a los niños a aprender habilidades y superar problemas, tanto emocionales como de conducta, con la ayuda de familiares, amigos y otras personas cercanas a ellos.

¿A niños de qué edad puede resultar útil?

Habilidades para niños está diseñado para niños de edades comprendidas entre los tres y los doce años, pero sus principios son también aplicables a adolescentes e incluso a los adultos.

¿Quién puede utilizarlo?

Habilidades para niños se concibió en origen como una herramienta para profesionales, desde terapeutas a consejeros, trabajadores sociales, maestros de educación especial, etc., cuyo trabajo consiste en ayudar a los niños a superar sus problemas. El método resulta, sin embargo, tan simple y seguro que también puede ser utilizado por los padres con sus hijos, con un mínimo de orientación profesional.

¿Cuál es la idea básica que subyace tras *Habilidades para niños*?

Los adultos tienden a ver los problemas como síntomas de un trastorno subyacente que necesita ser tratado, mientras que los niños tienden a ver los problemas como falta de competencias que deben ser aprendidas. *Habilidades para niños* resulta compatible con el punto de vista de los niños. Su objetivo consiste en ayudar a los niños a adquirir y fomentar las habilidades que necesitan para superar sus problemas. Como el método involucra a la familia, a la escuela y a los amigos con el fin de apoyarlos, tiene un impacto no solo en el niño, sino en todo el ecosistema de su red social.

¿Qué tiene de especial *Habilidades para niños*?

La principal ventaja de *Habilidades para niños* es que, aunque estos rehúyen hablar de sus problemas, encuentran agradable y gratificante el aprendizaje de habilidades. Además, *Habilidades para niños* fomenta la cooperación con los padres, al considerarlos compañeros y otorgarles el papel de defensores del niño.

¿Qué tipo de cuestiones puede abordar *Habilidades para niños*?

Habilidades para niños resulta conveniente para un amplio repertorio de problemas. Estos aspectos incluyen miedos, conductas inapropiadas, concentración, malos hábitos, pataletas, comer, dormir, ir al baño, etc. Ayudar a los niños a adquirir dominio personal también puede aliviar los síntomas de aquellos desórdenes psiquiátricos más graves como el trastorno por déficit de atención, el autismo, el trastorno generalizado del desarrollo, la depresión, el trastorno obsesivo-compulsivo, la hiperactividad y las rabietas.

Se puede decir que *Habilidades para niños* resulta adecuado siempre que haya un problema que un niño pueda resolver o mejorar mediante el aprendizaje de una habilidad específica.

¿Hay otros aspectos éticos implicados en el uso de *Habilidades para niños*?

En líneas generales, *Habilidades para niños* resulta un método seguro y lo peor que puede pasar es que no funcione. Sin embargo, como cualquier otro instrumento destinado al desarrollo humano, podría emplearse para facilitar cambios inapropiados o cuestionables desde un punto de vista ético, como enseñar a los niños a mentir o a trabajar aún más duro cuando lo están haciendo al máximo de sus capacidades. Afortunadamente, este riesgo se mantiene a raya por el hecho de que los propios niños tienen derecho a determinar qué habilidades aprenderán y a qué personas importantes en su vida van a invitar a participar en el proyecto, para ser ayudantes del niño.

En principio, también resulta posible que una persona que tan solo se halle familiarizada de manera superficial con el método, lo aplique de modo mecánico sin comprender su filosofía de base, su énfasis en respetar al niño, y desarrolle una verdadera cooperación con su red social.

Por último, cabe señalar que *Habilidades para niños* no constituye ninguna panacea. Se trata, ni más ni menos, de un método para contribuir a que los niños superen los problemas que pueden solucionarse mediante el aprendizaje de habilidades, pero no debe impedir que los niños reciban atención médica o medidas de prevención cuando estas sean necesarias.

Breve historia de *Habilidades para niños*

Habilidades para niños se desarrolló en los años 90. Mi colega Tapani Ahola y yo somos profesores y fundadores del Instituto de Terapia Breve de Helsinki. Contamos con la asistencia de Sirpa Birn y Tuija Terävä, que también son profesores de educación especial en Keula, una escuela preescolar para niños de cuatro a seis años con diversos problemas emocionales y de comportamiento.

Habilidades para niños se desarrolló en sus inicios como un método práctico, o un conjunto de directrices útiles, para abordar de manera constructiva los problemas de los niños en edad preescolar. Se trata básicamente de una recopilación de ideas que habíamos encontrado útiles a la hora de trabajar con niños y sus familias. Las ideas fueron probadas con los niños y sus padres en Keula. Poco a poco, a través de un proceso de ensayo y error, surgió la descripción de los 15 pasos de *Habilidades para niños*.

De este modo, hemos creado un libro ilustrado con un desarrollo de cada paso, para los niños, y un folleto por separado con instrucciones para los maestros. También hemos elaborado una pequeña guía para padres, con el objeto de que resulte más fácil entender el método y cooperar con los profesores mediante su uso.

Pronto comenzamos a ofrecer conferencias y talleres de *Habilidades para niños,* y el método empezó a ser conocido. Personas que trabajan con niños en diferentes partes del país, y algunas del extranjero, vinieron a visitar Keula para ver cómo *Habilidades para niños* funcionaba en la práctica. Empezamos a recibir invitaciones de diversos foros para hablar sobre el método. Alentados por las respuestas positivas, creamos una página web dedicada a *Habilidades para niños* (www.kidsskills.org), con el fin de difundir la información y obtener una buena retroalimentación.

Un libro sobre *Habilidades para niños*, que describía con detalle los 15 pasos, se publicó en Finlandia en 2003. Fue traducido al inglés de inmediato y publicado en 2004 por la St. Luke's Innovative Resources, en Australia, bajo el título *Habilidades para niños: soluciones lúdicas y prácticas en el trabajo con peques*. El libro se ha traducido hasta ahora a diez idiomas, incluyendo el japonés y el chino.

De manera más reciente, se ha facilitado la formación en *Habilidades para niños* a nivel internacional. En la actualidad hay un número de organizaciones acreditadas que ofrecen formación para profesionales con el objetivo de que puedan convertirse en lo que llamamos «Embajadores» de *Habilidades para niños;* un registro internacional de estos embajadores se guarda, de hecho, en la página web antes mencionada.

La investigación de *Habilidades para niños* resulta aún insuficiente, incluso aunque se tenga evidencia científica de su eficacia. Sin embargo, numerosos testimonios por todo el mundo sugieren que *Habilidades para niños* funciona sorprendentemente bien, al menos, cuando las practican personas que se suscriben a su filosofía subyacente de respeto y cooperación.

Los orígenes de *Habilidades para niños*

Habilidades para niños ha recibido influencias de muchas ideas a lo largo de los años. Sería imposible dar una lista exhaustiva de estas fuentes de inspiración tan variadas, pero, como mínimo, Milton H. Erickson, Jay Haley, Insoo Kim Berg, Steve de Shazer, Michael White y David Epston merecen ser mencionados.

Milton Erickson

Milton H. Erickson (1901-1980) fue un legendario psiquiatra estadounidense conocido como el pionero de la Terapia Breve. Era un terapeuta creativo que utilizaba una gran variedad de técnicas que incluían la hipnosis, tareas para casa e historias metafóricas. Erickson trabajó con adultos, así como con niños; sus relatos para ayudar a los niños con diversos problemas, tales como chuparse el dedo, orinarse en la cama y las fobias, han sido una importante fuente de inspiración para nosotros. La siguiente historia, mostrada por Sidney Rosen (1982), da una idea de su creatividad y su capacidad para conectar con los niños:

Los padres de una niña de seis años fueron a ver a Erickson. Su problema era que había robado en tiendas y a otras personas, incluyendo a sus padres, y luego mentía sobre cómo había conseguido las cosas. «¿Se puede hacer algo con un ladrón, que además es mentiroso, de tan solo seis años?», preguntaron los furiosos padres a Erickson.

Después de haber hablado con estos, Erickson decidió escribirle una carta a la pequeña. La carta comenzaba con un saludo, seguido de una explicación: había sido escrita por *el hada de los niños grandes de seis años*. Todos los niños, según se relataba en la carta, tenían hadas que crecen, aunque nunca las vieran. A continuación, una descripción detallaba cómo era el aspecto del *hada de los niños grandes de seis años*: cuántos ojos, oídos y piernas tenía, cómo se movía, y cómo podía ver y oír todo lo que hiciera. Después de esta introducción, contaba que *el hada de los niños grandes de seis años* la había estado observando de cerca, que estaba impresionada por las muchas habilidades que había adquirido con solo seis años, y luego señalaba que algunas de estas eran fáciles de aprender, mientras que otras resultaban muy difíciles.

En opinión de Erickson, la carta tuvo un efecto positivo en la niña. Según sus padres, ella había dejado de robar y, después de un tiempo, *el hada de los niños grandes* recibió una carta a modo de respuesta por parte de la niña, que incluía una invitación para asistir a su séptimo cumpleaños. Erickson le escribió una carta más a la pequeña, en la que lamentaba no poder participar en su séptimo cumpleaños porque ella era su hada de seis años, no su hada de los niños grandes de siete años.

Lo más notorio para mí en esta historia es que Erickson se centró en la niña en lugar de en sus padres. No parecía pensar de la forma en que lo hacen los terapeutas, por lo general. No parecía contar con el supuesto de que, con el objeto de cambiar a la niña, fuera necesario primero cambiar a los padres. Hizo frente al problema y solo se centró en la niña. Sin embargo, aunque diera la sensación de que trabajaba únicamente con ella, su manera de tratarla también repercutió con toda probabilidad en los padres.

Habilidades para niños se adhiere a una lógica similar. El objetivo es ayudar a los niños a superar sus problemas, pero el proceso se lleva a cabo de tal manera que también tiene un impacto en sus padres y en otras personas involucradas.

La idea de aprender habilidades resultó fundamental en toda la obra de Erickson. Al comentar este caso en concreto, Sidney Rosen escribió:

Erickson en particular evita «las prohibiciones», los «deberías» y «las reglas». Siempre enfatiza el valor del aprendizaje. El encargado de administrar la disciplina no cae en el enojo, sino que, de hecho, presenta su enseñanza de una forma divertida. En todas sus historias Erickson se muestra firme, pero no punitivo. Su propósito consistía en ayudar al niño a desarrollar su propio sentido de la voluntad y la autonomía.

La utilización del hada de seis años representa un elemento esencial en la historia. Los niños están encantados con los seres imaginarios y disfrutan al comunicarse con ellos. La idea de poder disponer de estos seres ha sido adoptada por *Habilidades para niños*, donde los niños pueden escoger uno que los ayude a aprender su habilidad.

Jay Haley

El trabajo de Milton Erickson ha sido una fuente de inspiración para muchos pioneros en el campo de la Psicoterapia Breve. Uno de ellos fue Jay Haley (1923-2007), un terapeuta de familia que llamó a su enfoque «Terapia Estratégica». Haley desarrolló un planteamiento donde se centraba en el niño, en lugar de en los padres, para lograr cambios significativos en el funcionamiento de toda la familia.

El siguiente ejemplo fue relatado por Haley en un Congreso de Terapia Familiar en Tel Aviv a principios de los 80:

La familia había sido remitida a tratamiento debido a la obsesiva fascinación que Michael, su hijo de 12 años, sentía por el fuego, lo cual lo había llevado a provocar tres graves incendios que causaron considerables daños materiales. Al observar al terapeuta mientras este entrevistaba a la familia, Haley, que llevaba a cabo la supervisión tras un espejo unidireccional, llegó a la conclusión de que la estructura familiar resultaba sesgada. Sostenía que la díada parental no funcionaba, pues la madre se ponía del lado del hijo y el padre se había vuelto distante y apenas se implicaba. De hecho, el padre estaba tan enfadado con su hijo que parecía dispuesto a renegar de él.

En una breve sesión, Haley, tras el espejo unidireccional, le dio instrucciones al terapeuta para revelar a la familia que la «causa» del problema era que Michael era poco diestro en el manejo de las cerillas, y, a fin de demostrarlo, le permitió prender fuego con cuidado a un pedazo de papel dentro de la sala. El niño tenía ganas de hacerlo y, en efecto, quedó patente que cometía muchos errores al manejar las cerillas, encender el papel y apagar el fuego. Tan pronto como se comprobó la incapacidad de Michael, el terapeuta se dirigió al padre y le preguntó si estaría dispuesto a asumir la tarea de enseñar a su hijo a manejar el fuego con precaución. El padre estuvo de acuerdo y, poco después, los dos elaboraron un riguroso programa de entrenamiento, donde aquel pasaría una hora diaria enseñando a su hijo las habilidades que le faltaban y se aseguraría de que fuera capaz de utilizar el fuego de forma segura.

Padre e hijo practicaron con diligencia todos los días durante varias semanas y Michael se convirtió en todo un experto en la cuestión, de manera que mostraba una absoluta seguridad al respecto. Además, como resultado de su intenso trabajo en equipo, la relación entre Michael y su padre se hizo mucho más estrecha, e incluso los padres, que habían estado en desacuerdo en casi todo, comenzaron a orientarse en la misma dirección. La fascinación de Michael por el fuego disminuyó, y después de varias semanas siguiendo el programa de entrenamiento diseñado, el terapeuta dio permiso para que el padre y Michael lo dejaran y, en vez de eso, hicieran otras cosas juntos.

Una vez más, el centro de atención no se localizaba en la familia, sino en el niño. Sin embargo, la intervención no solo tuvo un impacto en él, sino, además, en las relaciones de todos los miembros de la familia. *Habilidades para niños* se basa en la misma lógica. Al centrarse en el niño e identificar la habilidad que este va a aprender, haciendo partícipes luego tanto a los padres como a otras personas importantes en su vida que lo ayuden a aprender la habilidad, podemos tener un impacto positivo no solo en el niño, sino en toda su red social.

Insoo Kim Berg y Steve de Shazer

La Terapia Breve Centrada en Soluciones es otra escuela de psicoterapia inspirada en las ideas de Milton Erickson. Fue desarrollada durante la década de los 70 y 80, en el Centro de Terapia Familiar Breve en Milwaukee (EE.UU.), por un equipo de terapeutas liderados por Steve de Shazer (1940-2005) e Insoo Kim Berg (1934-2007). La Terapia Centrada en Soluciones es una variante terapéutica en la que el centro de atención no reside en los problemas (y lo que podría causarlos), sino en las metas, en lo que los clientes quieren lograr y en lo que pueden hacer para alcanzarlos.

En la Terapia Centrada en Soluciones la primera tarea del terapeuta consiste en averiguar a través del cliente lo que cree que sería un buen resultado. «¿Cómo podría mejorar la situación en el futuro?» es un ejemplo de una pregunta que el terapeuta podría plantear en la primera sesión. Una vez que ha quedado establecida una idea más o menos clara de lo que el cliente quiere, el terapeuta centra toda su atención en ayudarlo para que logre ese objetivo.

Habilidades para niños sigue el mismo patrón, con la salvedad de que la pregunta inicial («¿cómo podría mejorar la situación en el futuro?») ha sido modificada o traducida así: «¿qué habilidad es la que necesitas desarrollar para que la situación sea mejor en el futuro?». Esta modificación se basa en la observación de que cuando se trabaja con los niños que utilizan la Terapia Centrada en Soluciones, la respuesta a la cuestión acerca del resultado deseable se sostiene siempre en la expectativa de que el niño cambie su conducta o, en otras palabras, en que aprenda a comportarse o a reaccionar de manera diferente en una situación dada.

Otra característica de la Terapia Centrada en Soluciones es el énfasis en los signos de mejora. Atender los avances resulta también una característica de *Habilidades para niños*, donde los pequeños reciben una gran cantidad de refuerzo positivo a la hora de comentar, practicar y demostrar las habilidades que están aprendiendo.

Michael White y David Epston

Sin embargo, otra escuela de psicoterapia que ha constituido una fuente de inspiración es la Escuela de Narrativa de Psicoterapia (Terapia Narrativa), promovida por Michael White (1948-2008) en Australia y David Epston en Nueva Zelanda. A mediados de los años 80 nos encontramos con un artículo de Michael White, titulado *Pseudo-encopresis: de la avalancha a la victoria, de círculos viciosos a círculos virtuosos* (1989). En este artículo de referencia, White describió un enfoque lúdico de terapia familiar que él había diseñado para ayudar a los niños que padecían encopresis o que se ensuciaban los pantalones debido a la negativa a ir al baño. El enfoque de White se basaba en la idea de culpar del problema del niño a un ser imaginario llamado *la cacota tramposa*, responsable de causar el problema.

El artículo describe un procedimiento sistemático en el que al niño, con el apoyo de sus padres, se lo hace partícipe de un juego cuyo objetivo consiste en derrotar a *la cacota tramposa*. El juego se compone de varias actividades como correr lo más rápido posible al baño desde lugares donde *la cacota tramposa* ha atacado al niño o ha provocado que se ensucie los pantalones; asumir la rutina de sentarse en el inodoro durante 20 minutos después de las comidas, y dar al niño un tigre para lo ayude en su lucha contra *la cacota tramposa*.

White informó de resultados sorprendentemente buenos, en contra de casi todo lo que se había escrito sobre la encopresis en la literatura psiquiátrica infantil, y sentó las bases para el surgimiento de un interés en ayudar a los niños de manera lúdica a superar los problemas, con el apoyo de sus familiares y amigos. Los lectores familiarizados con este planteamiento, que también se conoce como «externalización del problema», podrán apreciar la influencia de la Terapia Narrativa en *Habilidades para niños.*

Habilidades para niños se ha apoyado e inspirado en ideas creativas y sugerencias propuestas por los niños y los padres con los que hemos trabajado a lo largo de estos años.

SECCIÓN 2
Habilidades para niños
paso a paso

Los quince pasos de *Habilidades para niños*

Habilidades para niños constituye, en esencia, un método para trabajar con niños compuesto por 15 pasos útiles sobre los que pensar y hablar. Aquí se presenta un resumen de los pasos.

1. Comienza con la «lluvia de ideas» con los adultos que se encargan del cuidado del niño o con el niño mismo, respecto de qué habilidades específicas necesita aprender para poder superar su problema o para ser más feliz.
2. Negociar con el niño una habilidad particular que aprender.
3. Hacer participar al niño en una conversación acerca de los beneficios de aprender esa habilidad.
4. Pedir al niño que le ponga un nombre a la habilidad.
5. Pedir al niño que elija un animal, un ser o un héroe para que se convierta en su defensor imaginario.
6. Pedir al niño que diga un número de personas a las que se le pedirá que sean sus defensores.
7. Ayudar al niño a fomentar su confianza al permitir que las personas que lo conocen le digan por qué creen que será capaz de aprender la habilidad.
8. Conseguir que el niño participe en un debate centrado en cómo querría él celebrar el éxito de aprender la habilidad.
9. Componer, junto con el niño, una imagen clara de cómo es su comportamiento o su reacción con exactitud, en una situación dada, cuando él usa su habilidad.
10. Decidir la manera de informar sobre el nuevo proyecto a las personas importantes en la vida del niño.
11. Desarrollar, en compañía del niño, un plan sobre lo que él va a hacer para aprender o mejorar la habilidad.

12. Pedir al niño que diga cómo quiere que otras personas le recuerden su habilidad en caso de que a él se le olvide.
13. Cuando el niño haya aprendido la habilidad, cumplir con la celebración que se había planeado de forma previa y asegurarse de que el pequeño reconozca a todos sus partidarios.
14. Dar al niño, en su caso, la oportunidad de transmitirle la habilidad a otro niño.
15. Cuando el niño haya aprendido la habilidad, ofrecerle la oportunidad de aprender una nueva.

Veamos ahora estos pasos con más detalle.

1. Convertir los problemas en habilidades

La idea clave de *Habilidades para niños* consiste en que los problemas se pueden reformular como competencias que se deben adquirir. Al principio, esto puede hacer que nos perdamos en detalles nimios —después de todo, dejar de decir palabrotas y aprender la habilidad de usar un lenguaje apropiado son una y la misma cosa—. Pero el cambio que supone hablar de habilidades en lugar de problemas no se acomete con la pretensión de pasarnos de listos. Una vez comenzamos a hablar acerca de habilidades en vez de problemas nos encontramos con que resulta mucho más fácil —para los niños, así como para sus padres— debatir los asuntos de una manera constructiva. Los niños tienden a rehuir tratar los problemas, mientras que disfrutan el desafío del aprendizaje de habilidades. Asimismo, a los padres les resulta a menudo difícil discutir los problemas de sus hijos, mientras que, en cambio, se hallan dispuestos a hablar de las habilidades que sus hijos necesitan mejorar.

Si el niño tiene un problema, empiece por tratar de averiguar lo que el niño necesita aprender o mejorar con el fin de superar el problema. Por ejemplo, si el niño tiene el problema de gritar o hablar en voz demasiado alta, la habilidad que el niño necesita aprender es hablar suavemente o en voz baja. Del mismo modo, si un niño es un desastre con la comida, la habilidad para aprender es la de comer bien.

Se trata de ejemplos simples, en los que identificar una habilidad que acabaría con el problema resulta sencillo. En realidad, sin embargo, averiguar qué habilidades específicas necesita aprender un niño puede suponer algo muy complicado y requerir además una buena dosis de reflexión.

En primer lugar, los niños tienen con frecuencia varios problemas al mismo tiempo. Un niño, por ejemplo, puede presentar a la vez la necesidad de ser siempre el primero, pero también una tendencia a interrumpir a los adultos y dificultad en concentrarse en una tarea. Cuando este es el caso, se puede hacer una lista de todos los problemas del niño, y luego volver a plantear cada uno de ellos, uno por uno, en relación con las habilidades que el niño tendría que aprender para superarlos. La lista de problemas se convierte así en una lista de habilidades que servirán de base para usar *Habilidades para niños* con el pequeño.

En segundo lugar, es importante que la habilidad a aprender no sea definida como algo que el niño *no* debe hacer —como «no voy a decir palabrotas», o «no voy a gritar», o «no voy a golpear a otros niños»—. La razón es que para que *Habilidades para niños* funcione, la habilidad tiene que ser «factible» y «practicable», y debe ser algo que el niño pueda demostrar y practicar. Un niño no puede demostrar o practicar algo del tipo «no decir palabrotas», o «no gritar», o «no golpear a otros niños», pero sí puede tanto demostrar como practicar las correspondientes habilidades de «usar un lenguaje agradable», «hablar en voz baja» o «mantener la calma en situaciones exasperantes».

En tercer lugar, saber cuál es el problema no nos revela de manera automática la habilidad que el niño necesita aprender. Por ejemplo, un pequeño con comportamiento agresivo puede que necesite aprender a aceptar un «no» por respuesta, mientras que puede que otro tenga que aprender a verbalizar su enfado. Una buena comprensión de la naturaleza del problema del niño resulta esencial a la hora de identificar las habilidades relevantes que este necesitará aprender.

Por último cabe señalar que, a fin de desarrollar las habilidades que los niños aprenden, no es necesario identificar sus problemas. Las habilidades útiles para aprender o para mejorar se pueden encontrar también simplemente preguntando cuáles son las que necesita aprender el niño para ser más feliz en casa, para disfrutar más de la escuela o para llevarse mejor con sus compañeros.

2. Ponerse de acuerdo en qué habilidad aprender

Habilidades para niños funciona mejor cuando los propios niños piensan en las habilidades que quieren aprender. Es obvio que los padres, maestros y otros adultos siempre tienen sus propias ideas respecto de lo que el pequeño debería en realidad conocer primero, pero lo óptimo apunta a que debe ser el niño el que se comprometa a aprender la habilidad hasta hacerla suya.

Con el fin de llegar a un acuerdo acerca de qué habilidad aprender, se le puede preguntar qué habilidad quiere desarrollar o incluso se le puede sugerir alguna. En el primer caso, se le podría preguntar: «¿Hay algo que te resulte difícil que te gustaría aprender o en lo que quieras mejorar?». En el segundo, si lo que se desea es realizar una sugerencia propia, se le puede decir: «Me gustaría [nos gustaría] que aprendieses [que mejorases en]…».

Los niños, por lo general, son relativamente conscientes de sus debilidades y, por lo tanto, capaces de saber a menudo lo que precisan para mejorar. «Tengo que aprender a recordar hacer mis deberes», o «tengo que aprender a estar quieto»…, un alumno puede decirle a su profesor, cuando se le pregunta, en qué habilidad necesita ser instruido. La motivación para aprender una en particular tiende a ser más intensa cuando la idea de qué habilidad aprender proviene del niño más que de los adultos.

Por otra parte, los niños más pequeños responden bastante bien a las sugerencias procedentes de sus padres o maestros. «Cariño, mamá y papá pensamos que tienes la edad suficiente para aprender a dormir en tu propia cama por la noche. Nos gustaría que aprendieses a hacerlo y puedes hacerlo con la ayuda de *Habilidades para niños*». Los padres y profesores tienen el derecho a aclararles a los niños sus expectativas.

Hay varias maneras de aumentar la probabilidad de que los niños acepten la idea de aprender habilidades. Por ejemplo, se puede conseguir que este aprendizaje constituya una actividad colectiva donde todos los miembros de la familia, o todos los niños en la sala de una clase, desarrollen habilidades. Los niños no suelen oponerse a ello si eso es lo que hacen también los demás. Además, aceptan mejor las sugerencias que parten de un «nosotros» que las de una sola persona. «*Nosotros*, tu madre, tu padre y yo [el profesor del niño] hemos hablado de ti y creemos que sería importante que aprendieses...». Otra manera de fomentar el cumplimiento consiste en que el niño participe en la elección de la habilidad a aprender: «Estas son las habilidades que pensamos que estaría bien que aprendieses. ¿Qué piensas tú? ¿Cuáles de ellas crees que serían más importantes para ti?, o ¿hay algo que creas que sería aún más importante de aprender? Para tus amigos, ¿qué habilidad sería importante que aprendieras?».

3. Explorar los beneficios de la habilidad

Una de las principales fuentes de motivación para el aprendizaje de habilidades es ver los beneficios de la habilidad. «¿Qué se consigue con esto?», «¿por qué es importante que aprenda una cosa así?», «¿qué beneficio comporta ser capaz de hacer eso?», «¿por qué la gente quiere que aprendas esto?», son algunas de las preguntas que pueden plantearse con el niño para ayudarlo a tomar conciencia de los beneficios de aprender la habilidad.

Los padres, amigos y otros simpatizantes pueden ser útiles a la hora de señalar las ventajas en las que es posible que el niño no haya pensado. Al enumerar los beneficios de una habilidad es importante incluir no solo los que tengan sentido para los adultos, sino también los que resulten significativos para el niño, como ser cada vez más valorado entre los amigos o encontrar más tiempo para sus actividades favoritas.

Para que un niño esté motivado de cara a aprender una habilidad, necesita convencerse de que el aprendizaje vale la pena, de que hay beneficios para quienes se involucran en conseguir que desarrolle esa habilidad. Todas las personas de su entorno pueden contribuir a que vea cuáles son esas ventajas.

4. Ponerle un nombre a la habilidad

Una vez que se haya llegado a un acuerdo con el niño acerca de la habilidad que aprenderá, hay que pedirle que la nombre. El nombre puede ser descriptivo de la habilidad, evocar algún aspecto, ser divertido, extraño… Puede ser casi como el niño quiera que sea. Al nombrar la habilidad, el pequeño la hace suya y se dedica a aprenderla. Por eso es importante que la llame de alguna manera que a él le guste y se sienta orgulloso. El siguiente fragmento publicado por Hans Klasson, un pedagogo que trabaja para varias escuelas en la ciudad de Härnösand, en Suecia, constituye un ejemplo de esta fase concreta en la que un niño nombra una habilidad.

> Hans: Entonces, ¿en qué quieres ser mejor?
> Stefan: Quiero ser mejor en quedarme en clase todo el día.
> Hans: ¿Quedarse en clase…?
> Stefan: Me expulsan de clase todos los días y no es divertido en absoluto.
> Hans: Entonces, ¿cómo se podría llamar esta cosa en la que quieres mejorar, «quedarse en clase todo el día»?
> Stefan: «El caballo de tres patas», dijo de inmediato.
> Hans: ¿El caballo de tres patas? ¿Es eso un nombre especial? ¿Cómo se te ha ocurrido ese nombre?
> Stefan: Un caballo que solo tiene tres patas se sienta tranquilo, no puede correr mucho; eso es en lo que tengo que mejorar.

Si el niño tiene dificultades en esta etapa, es decir, en ponerle un nombre a la habilidad, no hay que preocuparse. En el siguiente paso se le prestará ayuda para que encuentre un ayudante imaginario que lo apoye con la habilidad. Una vez logrado eso, por lo general buscar un nombre para la habilidad surge de forma espontánea.

5. Elegir a un ayudante imaginario

Hay que pedirle al niño que elija un *ayudante imaginario* que pueda ayudarlo a la hora de aprender su habilidad. El *ayudante imaginario* puede ser cualquier cosa, desde un animal a un personaje de dibujos animados y desde un amigo imaginario a un superhéroe. Por ejemplo, podría ser un tigre, un Pokémon, Spiderman, la estrella de fútbol Maradona, etc. El *ayudante imaginario* representa un símbolo de la fuerza interior del niño y se puede utilizar de muchas maneras creativas durante el proceso. El *ayudante imaginario* podría tener ideas acerca de la manera en la que el niño puede practicar la habilidad, sentirse impresionado por el progreso del niño, recordarle la habilidad si alguna vez se le olvida, etcétera.

La idea de humanos que cuentan con seres invisibles que los ayudan a aprender habilidades y a superar los obstáculos es recibida por los niños de manera natural. En algún momento de su desarrollo la mayoría de ellos tiene amigos imaginarios con los que hablar y jugar, y que les sirven de apoyo en tiempos difíciles.

Los niños necesitan el refuerzo de su *ayudante imaginario*, pero también necesitan el apoyo de gente real. El siguiente paso de *Habilidades para niños* está dedicado a agrupar a personas reales.

6. Reunir a las personas de apoyo

Para que los niños aprendan nuevas habilidades o mejoren las que han adquirido, necesitan el sostén de otras personas, ayuda y ánimo. Hay que dejar que el niño decida a quiénes quiere seleccionar como personas de apoyo y animarlo a incluir no solo a sus padres, y a algunos otros adultos importantes en su vida, sino también a otros niños, como hermanos o amigos. Una vez haya decidido a quién quiere como apoyo, llega el momento de contactar con esas personas. Esto se puede hacer de muchas maneras. La mejor o más directa consiste en que el niño entregue la invitación de forma personal. Otra manera menos directa es que el niño presente su cuaderno de ejercicios de *Habilidades para niños* o un resumen a un ayudante propuesto y, después, decir, por ejemplo: «Si quieres ser mi ayudante, puedes poner tu nombre aquí».

Los ayudantes son importantes porque pueden animar al niño de muchas maneras, como, por ejemplo:

- Elogiarlo por haber decidido aprender una habilidad en particular.
- Mostrar interés en su progreso.
- Felicitarlo por sus logros.
- Ofrecer ideas sobre cómo aprender la habilidad.
- Recordarle la habilidad cuando sea necesario, y
- Celebrar con él el hecho de haber adquirido la habilidad.

Es típico que los niños quieran tener muchos ayudantes, y que las personas a las que los niños eligen para que los apoyen en el aprendizaje de una habilidad se muestren encantadas por la invitación; sin embargo, cuando el problema reviste un carácter más íntimo, como la enuresis o la encopresis, puede que el pequeño solo desee incluir a los miembros más cercanos de su familia como ayudantes. Rara vez alguien se niega a ser ayudante de un niño, pues las personas suelen estar más que dispuestas a decir que sí.

No obstante, elaborar un simple listado con una serie de personas como ayudantes no resulta suficiente. Los que se hallan dispuestos a serlo también deben ser adiestrados y hay que trazar un plan con ellos acerca de cómo van a ayudar al niño a aprender su habilidad.

Si es difícil encontrar ayudantes en la red social del niño, es posible contemplar trabajar con los pequeños en un formato de grupo para que puedan apoyarse unos a otros, o invitar a otro niño que haya llevado a cabo *Habilidades para niños* antes de convertirse en un ayudante y compañero.

7. Fomentar la confianza

Para que el niño haga un esfuerzo de cara a aprender una habilidad concreta, necesita creer que puede hacerlo. Los niños nacen optimistas. Cuando les preguntamos: «¿Crees que podrás aprender esto?», por lo general dan una respuesta afirmativa, independientemente de lo que sea. Sin embargo a veces, si lo han intentado de forma repetida y han fracasado, puede que hayan perdido esa confianza y tiendan a sentirse frustrados, desanimados y desmoralizados. Entonces empiezan a pensar que hay algo que va mal con ellos y que la habilidad es demasiado difícil de aprender.

Para garantizar que el niño se encuentre seguro de sí mismo, se debe hablar con él sobre las causas de su confianza. Hay que preguntarle, por ejemplo: «¿Crees que puedes aprender esta habilidad?», y después de obtener una respuesta afirmativa, continuar con otras cuestiones como: «¿Qué es lo que te da esa confianza?». Otra posibilidad pasa por pedir a los ayudantes que le digan al niño qué es lo que saben, han visto u oído, que les convence de que será capaz de hacerlo. Este sencillo procedimiento —que consiste en darle razones para que crea en sí mismo— ha demostrado ser particularmente eficaz a la hora de aumentar la confianza de los niños.

8. Planificación de la celebración

Uno de los aspectos más destacados de *Habilidades para niños* es la celebración. A los niños no solo les encantan las fiestas y celebraciones, sino que también les gusta la planificación y preparación de las mismas. Con *Habilidades para niños* involucramos a estos en el comienzo, es decir, en planificar un evento para celebrar el aprendizaje de sus habilidades.

Se le puede preguntar, por ejemplo: «¿Cómo te gustaría divertirte con tus ayudantes cuando hayas aprendido la habilidad?», «¿quieres que organicemos una fiesta para ti o prefieres hacer otra cosa?». Una vez que el niño muestre interés en la idea, debería pasar algún tiempo planificando diferentes detalles de la celebración, tales como: dónde quiere ir; a quién invitar; qué alimentos o bebidas le gustaría que se sirvieran; qué le gustaría hacer, o si quiere llevar algún tipo de ropa en particular o algún conjunto concreto.

En general, los chavales se sienten entusiasmados ante la idea de una celebración, pero en algunos casos, sobre todo si el niño se halla en su preadolescencia o si el problema que se está tratando resulta vergonzoso, podría rechazar la oferta. Es entonces cuando suele ser posible encontrar alguna alternativa creativa como hacer algo grato solo con los padres.

La celebración representa un incentivo adicional que se suma de manera significativa a la motivación del niño para aprender habilidades y ponerlas en práctica. No debe ser vista como una simple recompensa, sino como un acontecimiento social relevante que distingue un paso en su maduración y sirve para comunicar dicho logro a su red social.

9. Definir la habilidad

Incluso cuando los niños dicen que necesitan aprender una habilidad, puede que no sepan lo que significa tener esa habilidad en la práctica. Por lo tanto, es importante hablar con ellos acerca de cómo van a actuar cuando hayan adquirido la habilidad que están aprendiendo.

Para que *Habilidades para niños* funcione, el niño debe ser capaz de demostrar cómo va a comportarse o reaccionar en una situación dada, después de haber adquirido la habilidad. La demostración de la habilidad a través de un juego de rol o en la vida real asegura que se dé un entendimiento compartido de lo que significaría la habilidad en la práctica, además de aportar asimismo ideas sobre cómo el niño puede practicarla.

Algunos ejemplos de cómo pedirle al niño que muestre su habilidad son: «¿Me puedes mostrar cómo vas a reaccionar ante alguien que es desagradable contigo cuando hayas aprendido esa habilidad?»; «vamos a ver cómo vas a comer cuando hayas aprendido a hacerlo bien»; «me gustaría ver cómo consigues mantenerte concentrado en tu trabajo cuando tus compañeros tratan de distraerte»; «muéstrame cómo logras estar feliz y orgulloso de las cosas que has hecho»; «¿me enseñarás la "Habilidad de la Reina de las Uñas"? Me gustaría ver cómo cuidas tus uñas en lugar de mordértelas».

10. Hacerla pública

A los niños no les gusta por lo general que otras personas conozcan sus problemas, aunque en la mayoría de los casos no tienen nada en contra de dejar que sus compañeros y los adultos significativos en sus vidas sepan de la habilidad que están aprendiendo. Esto hace que resulte posible hacer pública la habilidad.

Una de las ventajas de hacerla pública es que así se puede conseguir que la red social lo apoye al mostrar interés y aprobación. Otra ventaja es que si el niño tiene una dudosa reputación debido a sus problemas, al realizar un intento serio de aprender a comportarse de manera diferente, contribuye a reparar su reputación.

Las formas de hacerla pública incluyen: un cuaderno que se puede enseñar a los demás, un cartel que se puede colocar en la pared del aula o en la puerta del refrigerador, o un mantel que se ponga en la mesa del comedor.

Cabe reseñar que hay situaciones en la que los niños no quieren hacer públicas sus habilidades. Algunos quieren que sus padres lo sepan pero no sus amigos, y los adolescentes en ocasiones pueden desear aprender habilidades con el único apoyo de sus amigos. Hacerla pública no debe ser visto como un requisito previo, sino como una opción a tener en cuenta al mismo tiempo que se respetan las preferencias del niño.

11. La práctica de la habilidad

Para que un niño desarrolle una nueva habilidad, o para mejorar una habilidad ya adquirida, necesita practicar o exteriorizar la habilidad una y otra vez. Aunque a veces puede ser difícil encontrar maneras de practicar las habilidades sociales y psicológicas, los niños suelen ser muy ocurrentes. Ideas que impliquen juegos de rol, de otro tipo o ejercicios le salen de forma natural. Si al niño le resulta difícil pensar una manera de practicar la habilidad, convendría sentirse libre como para poder compartir nuestras ideas con él.

12. Crear recordatorios

En *Habilidades para niños* el concepto de «recaída», «retroceso», o la propia reaparición del problema han sido sustituidos por el concepto de «olvidar». La idea es que cada vez que aprendemos nuevas habilidades, solemos experimentar momentos en los que parece que perdemos por un tiempo la habilidad que estábamos aprendiendo. Este fenómeno normal no tiene por qué ser visto como una recaída o un retroceso, sino simplemente como una pérdida temporal u «olvido» momentáneo de la habilidad.

Hay una ventaja en considerar el momento de caer en el comportamiento anterior como un olvido temporal de la habilidad. El uso deliberado de la palabra «olvido» aquí allana el camino para una discusión acerca de cómo, en este caso, se le debe recordar al niño la habilidad que está aprendiendo.

En lugar de preguntarle: «Entonces, ¿qué vamos a hacer contigo cuando tú [el problema de conducta] de nuevo?», se le aborda de la siguiente manera: «Si alguna vez te olvidas de la habilidad [la conducta preferida], ¿cómo quieres que te lo recordemos?». La idea es conseguir involucrar al niño en la decisión de cómo los demás van a reaccionar en esos inevitables momentos que forman parte del proceso de aprendizaje. Es muy importante no permitir que el niño o sus padres se decepcionen o desmoralicen en caso de producirse una pérdida temporal de la habilidad que se aprende.

13. Celebrar el éxito

Una vez se acuerde que el niño ha aprendido ya la habilidad, o que es ya lo bastante experto, llega el momento de organizar la celebración que se ha planeado de modo previo. Este hecho representa una especie de rito de paso y una declaración en toda regla de la adquisición por parte del niño de una nueva habilidad. Una fase importante de la celebración consiste en pedirle que reconozca a todos aquellos que lo han apoyado durante el proceso de aprendizaje. «¿Quién te ha ayudado a aprender la habilidad?», «¿cómo te han ayudado?» y «¿cómo quieres darles las gracias?», son cuestiones que ayudan a los niños a tomar conciencia de la manera en que otras personas han contribuido a su crecimiento y maduración.

Reconocer a los ayudantes dándoles las gracias no es solo un gesto de buenos modales; es un componente importante en la confirmación social del cambio y un momento de mostrar respeto a todos los que han hecho posible que el niño dé ese paso concreto en su desarrollo.

Si un niño no ha aprendido las habilidades, puede que sea necesario revisar el Paso 9 y reconsiderar la división de habilidades complejas en partes más pequeñas; explicar una vez más los beneficios que tendrá para ellos el hecho de adquirir la habilidad; sacar más tiempo para la diversión y la práctica gratificante; comprobar si los adultos que cuidan al niño están cooperando de modo pleno en el proceso de aprendizaje.

14. Transmitir la habilidad a otras personas

«La mejor manera de aprender algo es enseñárselo a otra persona». Una manera eficaz de reforzar la habilidad recién adquirida consiste en pedirle al niño que le enseñe dicha habilidad a otro igual. Los niños se enorgullecen de enseñar lo que saben. Además de potenciar su autoestima, ayudar a otra persona a aprender la misma habilidad fortalece asimismo el dominio de aquella.

Enseñar la habilidad a otro también suele comportar un efecto positivo para la reputación del niño. Cuando los niños se sienten afligidos debido a los problemas, sobre todo en el caso de que estos sean de conducta, su reputación se resiente y se les critica a menudo en su colegio, en su vecindario o en su comunidad. Al transformar los problemas en habilidades, junto con el hecho de hablar en público de las habilidades que el niño está aprendiendo, conlleva un efecto favorable para la reputación del niño.

Los chavales tienen una necesidad innata de aprender, pero también una necesidad innata de enseñar. Cuando un niño enseña a otro, ya sea su amigo o su hermano, se siente útil y valioso. Si queremos que nuestros niños aprendan cosas, deberíamos procurar que ellos también tengan la oportunidad de enseñar estas cosas a sus iguales.

15. Pasar a la siguiente habilidad

Una vez que un niño ha aprendido una habilidad en particular, a menudo hay otra que aprender. Una experiencia positiva a partir del aprendizaje de una habilidad aumenta la confianza y contribuye a la motivación del niño para aprender una nueva habilidad aún más difícil.

La idea de que hay otras habilidades que aprender después de la que se ha logrado, resulta útil tanto para los padres como para los hijos. A los primeros los ayuda a ser pacientes y a apreciar el hecho de que debería permitirse a los niños que se concentren en el aprendizaje de otra habilidad a la vez. Para los segundos es útil debido a que la anticipación del aprendizaje de nuevas habilidades aumenta su motivación para embarcarse en otra.

Los quince pasos en acción
(niña de 12 años)

El siguiente caso representa un buen ejemplo de cómo se pueden aplicar en la práctica los pasos descritos con anterioridad. Fue relatado por Christine Beuer, una consejera que trabaja en el Centro de Orientación Matrimonial y Familiar de la ciudad de Donauwörth, en Baviera, Alemania. Su actividad principal consiste en la terapia de pareja y, cuando atiende a estas, no es raro que le comenten los problemas que tienen con sus hijos. Cuando esto sucede, suele utilizar Habilidades para niños, *ya sea alentando a los padres a utilizar el método con sus hijos en casa o, como en este caso, pidiéndoles que los lleven a verla.*

Carla, de doce años, acudió a terapia con varios problemas. Diagnosticada de TDAH debido a su poca capacidad de atención y a su impulsividad severa, tenía sobrepeso y era tan sensible a la crítica percibida que se peleaba de forma constante con sus compañeros para luego apartarse de ellos y aislarse, con sus sentimientos heridos. En casa, a menudo tenía mal genio y golpeaba a su hermano menor, que era discapacitado. Había sido derivada a la Terapia del Juego por el psicólogo de la escuela, pero después de un tiempo se negó a continuar, diciendo: «No quiero ir allí nunca más, yo no soy una niña pequeña».

Un psiquiatra infantil de los servicios de familia que había evaluado a Carla llegó a la conclusión de que sus problemas de concentración e impulsividad ocasionaban un comportamiento tan disruptivo en clase que la medicación era del todo necesaria para que pudiera estar en el aula de manera normal. Sin embargo, sus padres se negaron a medicarla y el resultado fue que tuvo que ser trasladada a una escuela especial para niños con problemas de conducta. Allí, sus problemas continuaron. Los padres, todavía en busca de una alternativa a la química, fijaron una cita con Christine, quien les explicó la idea básica de *Habilidades para niños*, es decir, que los problemas se pueden convertir en habilidades que los niños pueden aprender. Los padres de Carla pensaron que valía la pena probar el enfoque.

La semana siguiente, cuando Carla llegó con sus padres, Christine se dio cuenta de que algunos trabajos preliminares ya se habían hecho en casa. La madre le había hablado a Carla acerca de *Habilidades para niños* y juntas habían elaborado una lista de nuevas habilidades que ella pudiera necesitar desarrollar para superar sus problemas. Dicha lista incluía: «aprender a dejar que los adultos terminen sus frases sin interrumpirlos»; «aprender a levantar la mano en la escuela para pedir permiso para hablar»; «aprender a ser buena con su hermano pequeño»; «aprender a quedarse quieta de modo gradual durante períodos más largos de tiempo», y «aprender a concentrarse mejor en las tareas de la escuela».

Carla participó plenamente en el debate con Cristina y sus padres mientras se ponían de acuerdo en la primera habilidad que debería aprender, que consistiría en controlar su tendencia a actuar de manera impulsiva en situaciones sociales y, en concreto, en aprender a esperar a que fuera su turno antes de irrumpir en cualquier conversación, o de pasar a la acción. «Soy demasiado impaciente», admitió.

La base de *Habilidades para niños* se refuerza cuando la habilidad a aprender ha sido identificada y acordada con la niña, pero con la finalidad de que esta aprenda la habilidad, es importante asegurar su identificación con la habilidad y generarle la motivación para que la aprenda.

—De acuerdo, ahora ya tenemos una habilidad que puedes aprender. ¿Cuáles crees que serán los beneficios para ti al aprender esa habilidad? —preguntó Christine.

Carla, muy seria, hizo una lista con una serie de beneficios.

—Mis amigos me respetarían más, y les gustaría jugar más conmigo. Incluso conseguiría nuevos amigos —dijo ella—. Además, mis profesores no me regañarían y no me harían poner de pie contra la pared con tanta frecuencia. Yo sería capaz de escuchar mejor lo que los maestros dicen. Y en la clase de baile, no molestaría tanto a la gente.

—Suena bien. Y si fueras a darle un nombre a esta habilidad, ¿cómo te gustaría llamarla? —preguntó Christine.

Es curioso, pero los adultos tienen a menudo dificultades si se les pide que piensen en un nombre para una habilidad, pero los niños suelen hacerlo con facilidad y naturalidad.

—Debería llamarse «Tono de espera» —dijo Carla, alegre, mientras explicaba que cuando se llama a un número y dejan en espera, a menudo ponen música relajante para que te sientas más tranquilo mientras tanto.

Cuando se le pidió que eligiera un *ayudante imaginario* o ayudante mágico para recordarle su habilidad, Carla escogió de inmediato a su yegua, Cindy, bien conocida por su actitud paciente a la hora de esperar.

Carla se puso muy contenta al contemplar la idea de celebrar su nueva habilidad. Ella quería dar una fiesta en el jardín, para la que invitaría a su grupo de baile, su profesor, sus padres y sus dos abuelas. El acontecimiento sería exactamente igual a las fiestas que sus padres montaban con sus amigos por la noche, con barbacoa y bebidas. Los padres de Carla se comprometieron a ayudar a organizarla una vez que ella hubiera aprendido sus habilidades.

—Necesitarás a algunos ayudantes para aprender la habilidad de «tono de espera» —dijo Christine—, así que, ¿quién quieres que te ayude?

Carla quería que fuera Christine, y luego añadió a sus padres, a sus dos abuelas, a dos de sus amigos, a su maestra del colegio y a su profesora de baile. A la semana siguiente, les preguntó a todos ellos si querían apoyarla, y se alegró al ver que se mostraban contentos y dispuestos a hacerlo.

La profesora del colegio de Carla fue invitada a la siguiente cita. Christine aprovechó la oportunidad para fomentar la confianza de Carla pidiéndole a la profesora que le dijera a Carla si ella creía que sería capaz de aprender la habilidad de «tono de espera».

—Seguro que la aprenderá —dijo la profesora—. No hace mucho, Carla obtuvo una muy buena nota en su examen de matemáticas, aunque siempre han sido difíciles para ella.

Christine se dirigió a los padres de Carla.

—¿Y vosotros? ¿También creéis que ella lo conseguirá? —les preguntó.

—Creemos que puede hacerlo —contestaron los padres en dirección a Carla—, porque eres nuestra hija, y sabemos que eres una chica fuerte.

Los ojos de Carla brillaban de alegría.

Después de este trabajo preparatorio, llega el momento de ayudar a la niña a diseñar un plan para practicar su habilidad con la asistencia de sus ayudantes. Hay que observar cómo Christine se involucra en la creación del plan. Para que este funcione, resulta indispensable que las ideas procedan sobre todo de la niña.

—Entonces, dime Carla, ¿cómo vas a practicar la habilidad de «esperar tu turno»? —preguntó Christine—. ¿Qué puedes hacer para ser paciente en situaciones en las que te sientes muy impaciente?

—Voy a llevar una foto de Cindy en el bolsillo, y voy a mirarla mientras tengo que esperar por algo; y luego no la voy a volver a meter en el bolsillo hasta que sea mi turno —respondió Carla.

—Esa es una gran idea, pero ¿cómo vas a acordarte de eso? —continuó Christine.

Carla lo pensó un momento y luego dijo:

—Me acordaré diciéndome a mí misma: «Stop».

Se elaboró un plan, según el cual Carla comenzaría su entrenamiento en el colegio con pequeños pasos. Ella estaba de acuerdo con que su profesora informara a sus compañeros de clase acerca del plan para que ellos también pudieran apoyarla. Además, se mostraba de acuerdo, asimismo, en que la profesora colocara un diario encima de su escritorio, donde ambos se escribirían notas acerca del progreso de Carla y donde también sus compañeros pudieran garabatear sus observaciones sobre cómo se llevaba a cabo todo el proceso.

—Hay una cosa más en la que tenemos que pensar, Carla —dijo Christine—: ¿cómo quieres que otros te recuerden tu habilidad si se te olvida y te impacientas de nuevo?

A Carla se le ocurrió una idea: si se impacientaba de nuevo, su profesora y sus dos mejores amigas del colegio, que se sentaban cerca de ella en la clase, podrían susurrarle al oído el nombre de su ayudante imaginario, «Cindy».

Carla se propuso aprender su habilidad con la ayuda de sus seguidores. Practicó su habilidad con diligencia. En el transcurso de par de meses, sus ayudantes pensaban que había progresado lo suficiente como para justificar su celebración. Poco tiempo después, sus padres organizaron la fiesta que le habían prometido en el jardín, exactamente de la forma que ella quería. Estaba orgullosa de su éxito y aseguró que ahora quería extender su habilidad recién aprendida, relacionada con la paciencia, a otras áreas de su vida: a clases de baile, a situaciones con los amigos, e incluso al trato con su hermano pequeño.

La profesora de Carla estaba tan impresionada con su progreso que le recomendó *Habilidades para niños* a otro profesor, que tenía un estudiante con problemas como los de Carla. Este profesor incluso le pidió a Carla, la verdadera «experta» en *Habilidades para niños,* que fuera una de las ayudantes de la niña.

El cambio en el comportamiento de Carla, en su capacidad de esperar su turno con paciencia, o en controlar su impulsividad, como profesionales, fue tan significativo que el verano siguiente fue trasladada de vuelta al colegio, donde, según su profesora, le ha ido bien.

SECCIÓN 3

Habilidades para niños con menores de 3 a 14 años

Consultar el inodoro para aprender a controlar la vejiga
(niño de 3 años)

Esta historia fue publicada por Ivar Haug, quien ofrece entrenamiento y supervisión al personal de mañana y de tarde en los centros de atención, a través de su compañía SFO-*net, localizada en Oslo, Noruega. Este caso muestra cómo, con un poco de creatividad y alegría, los principios de Habilidades para niños se pueden utilizar con pequeños de tan solo tres años. La historia también es un ejemplo de cómo hacer un uso flexible de Habilidades para niños, con la única aplicación de los pasos pertinentes para una situación dada.*

Ivar supervisaba el personal de una guardería infantil llamada Isberg cuando le llegó información acerca de un niño de tres años de edad, Arild, quien tenía el hábito de orinarse en los pantalones.

—¿Es posible el uso de *Habilidades para niños* con niños tan pequeños? —preguntó uno de los empleados.

Ivar averiguó que Arild no era el único que presentaba este problema concreto. Sin embargo, aunque algunos de los otros niños también se orinaban en los pantalones de vez en cuando, para Arild era algo diferente, ya que ocurría una y, en ocasiones, dos veces al día.

—*Habilidades para niños*, en principio, se puede usar siempre que haya una habilidad que el niño pueda aprender para, con ello, lograr deshacerse de su problema —contestó Ivar.
—Entonces, ¿cuál diría usted que es la habilidad que Arild tiene que aprender para no orinarse en los pantalones?

Después de pensarlo, el personal llegó a la conclusión de que Arild debía aprender a realizar una pausa de vez en cuando a lo largo del día, y escuchar a su cuerpo para sentir si tenía ganas o no de ir al baño. Al parecer, Arild era un muchacho muy inquieto, siempre de un lado a otro, y cuyo inconveniente residía en que carecía de tiempo para pensar en ir al baño.

—Esa parece la habilidad idónea para él —dijo Ivar—, ¿pero cuándo debería aprender a escuchar?

El personal estaba de acuerdo en que el niño tenía que aprender a detenerse y atender las sensaciones de su cuerpo cada vez que hubiese un cambio de actividad, como cuando llegara la hora de salir, de entrar, o de prepararse para el almuerzo.

—Tiene mucho sentido. ¿Cree que él estará de acuerdo en aprender esa habilidad?

Los profesores pensaron que era probable que pudieran conseguir que el pequeño se comprometiera a intentarlo.

—¿De qué manera se le podría ayudar a practicar esta habilidad? —preguntó Ivar.

Una de las profesoras dijo:

—Quizá si establecemos con él alguna palabra clave, que podamos usar para transmitirle que es el momento de parar y que escuche su cuerpo, con el fin de que se dé cuenta de si tiene ganas de hacer pis o no…
—Eso es —intervino otro profesor—, acordemos con él que cuando oiga la palabra clave, debe ir al baño y colocarse frente al inodoro para preguntarse si necesita hacer pis.
—Parece que podría funcionar —dijo Ivar.
—¿Sabes lo que podríamos hacer? —continuó el primer profesor, cuyos ojos brillaban como si acabara de tener una gran

idea—: sugerirle que hable con el inodoro para ver si le aclara si necesita orinar.

Al día siguiente, le presentaron la idea a Arild. Él se mostró de acuerdo en aprender la habilidad de escuchar a su cuerpo, e incluso le pareció divertida la idea de hablar con el retrete. A partir de entonces cada vez que los niños iban a salir al patio a jugar, a entrar a clase, a comer o a prepararse para la siesta de la tarde, siempre había alguien del personal que le avisaba de que era hora de que tuviera una charla con el inodoro. Al recibir la señal, Arild iría al baño, se pondría frente a la taza del váter y, mirándola, preguntaría: «¿Necesitas mi pis?». El acuerdo consistía en que si el inodoro respondía: «No, ahora mismo no», entonces podía irse; pero si respondía: «Sí, por favor, dame un poco», él se bajaría los pantalones y le daría al baño lo que quería.

Arild se divertía con el juego y, pasadas dos semanas, había superado su problema. Además, al observar a Arild mientras hablaba con el retrete, algunos de los otros niños adquirieron el mismo hábito, con el resultado de que, en un par de semanas, toda la molestia de los pantalones mojados en esa guardería pertenecía al pasado.

Aprender a prepararse para volver a casa
(niño de 4 años)

Esta historia fue relatada por Päivi Saari-Vesa, que trabaja como orientadora visitante en guarderías infantiles de la ciudad de Nokia, en Finlandia, ofreciendo asesoramiento al personal sobre cómo lidiar con diversos tipos de problemas que surgen con los niños y sus familias. El presente caso está relacionado con un niño de cuatro años que tenía muy preocupado al personal por varias cuestiones, en particular, su obstinada resistencia a vestirse para ir a casa cuando sus padres venían a recogerlo a la guardería. La historia representa otro ejemplo de cómo utilizar Habilidades para niños con críos más pequeños, y muestra cómo el enfoque puede facilitar la cooperación con los padres del niño.

Cuando Päivi oyó hablar de los problemas de Viljo, sugirió a sus padres que fueran a una reunión en la guardería, donde se les recomendaría el uso de *Habilidades para niños*. La reunión se celebró y a ella asistieron Päivi, Alli, que era el profesor de Viljo, y los padres. Päivi les habló acerca de *Habilidades para niños*. Ante el interés que mostraban, Alli dijo que una buena habilidad que Viljo podía aprender era la de vestirse y prepararse para salir enseguida cuando sus padres vinieran a buscarlo. Los padres de Viljo aceptaron de inmediato y se comprometieron a hacer todo lo posible para ayudar. También se les dio un folleto que debían leer, en el que se describían los pasos de *Habilidades para niños*.

Al día siguiente, Alli tuvo una conversación con Viljo:

—Ayer nos reunimos con tus padres —comenzó a contarle—, y juntos decidimos que sería bueno para ti que aprendieses a ponerte la ropa deprisa, al final del día, cuando vienen a recogerte. ¿Qué dices? ¿Crees que eso te vendría bien?

Viljo aceptó.

—¿Y qué bien te reportaría? ¿Por qué sería bueno que aprendieras a ponerte la ropa rápidamente? —le preguntó Alli para que, de este modo, Viljo recapacitara sobre los beneficios de aprender esa habilidad.

Viljo pensó un rato y luego se le ocurrió una respuesta que estaba relacionada con su interés por los coches; de hecho, tenía que ver con la conducción de coches en particular. Si él aprendiera a vestirse más deprisa, podría llegar al coche antes que su hermano pequeño y así se aseguraría de conseguir el mejor asiento. El viaje a casa sería rápido y tendría tiempo para jugar en el patio con sus amigos antes de la cena. Cuanto más pensaba Viljo acerca de los beneficios, más le interesaba la idea de aprender a ponerse la ropa rápido.

—Entonces, ¿cómo quieres llamar a esta habilidad? —le preguntó Alli.
—«La habilidad de los coches» —respondió Viljo.
—Puedes tener, además, un animal de poder que te ayude a aprender la habilidad de los coches —dijo Alli—. ¿Qué animal de poder quieres tener?

Viljo estaba muy apegado a un suave tigre de peluche que cogía cuando se iba a dormir, y se lo llevaba dondequiera que iba. El tigre sería su animal de poder, así que hizo un dibujo de su tigre en su libro. Alli le explicó que el tigre le daría fuerza mientras aprendía su habilidad.

—Mira Viljo, esta es una foto de un sol y estos son los rayos —dijo Alli, mientras señalaba una página del cuaderno de ejercicios de *Habilidades para niños*—. En estos rayos se pueden escribir los nombres de todas aquellas personas que quieres que te ayuden a aprender la habilidad de los coches. Entonces, ¿quién te gustaría que te ayudase?

La página se llenó con rapidez: la madre, el padre, el hermano, los otros niños de educación infantil, así como Selma, una nueva y joven profesora a la que Viljo le tenía mucho afecto.

—¿Sabes una cosa, Viljo? —comenzó a explicarle Alli—. Los profesores creemos que vas a aprender la habilidad de los coches porque eres un chico muy mañoso. Cuentas con muchos ayudantes, y tu madre y tu padre han dicho que también te ayudarán. Mira, aquí en tu cuaderno de ejercicios hay una página donde tus ayudantes te pueden animar a través de dibujos para ti, adjuntando pegatinas o escribiendo algo bueno para ti. Y una vez que hayas aprendido la habilidad de los coches se puede hacer una fiesta en tu honor. ¿Te gustaría?
—Sí —dijo Viljo.
—Bueno, ¿y qué tipo de fiesta te gustaría celebrar?

Viljo quería montar una fiesta en el lago, donde todos pudieran jugar, y hacer perritos calientes a la parrilla al aire libre.

—Suena bien —dijo Alli—. Ahora vamos a imaginar que ya has aprendido la habilidad de los coches. Tu madre va a venir a recogerte y se supone que te vas a preparar enseguida para volver a casa.

Alli interpretó el papel de la madre, y Viljo demostró haber adquirido la habilidad de los coches, al ponerse toda su ropa, incluyendo sus botas de invierno, el gorro y los guantes, en un tiempo récord.

—¡Guau! —exclamó Alli.

Tras el exitoso ensayo, Alli y Viljo fueron juntos a la entrada del centro. Alli cogió un poco de cinta de color y la utilizó para marcar un aparcamiento situado delante del espacio personal que Viljo tenía adjudicado en el perchero.

Este era el lugar donde Viljo iba a practicar la habilidad de los coches. Así pues, crearon un cartel para él que se colocó en la pared del vestíbulo de la entrada. El nombre de Viljo estaba escrito en la parte superior del cartel, y justo debajo, en letras grandes, aparecía el nombre de su habilidad: «la habilidad de los coches». Además, había una foto del tigre y un bolsillo con *tickets* de estacionamiento. A Alli se le había ocurrido la idea de que cada vez que Viljo demostrara la habilidad de los coches, se le permitiera recoger un *ticket* de aparcamiento y adjuntarlo al cartel.

Al día siguiente en el turno de mañana, Alli comentó a los otros niños la habilidad que Viljo estaba aprendiendo y les explicó que su tarea consistía en ser ayudantes de Viljo. Ellos iban a facilitar que su compañero aprendiera su habilidad diciendo algo agradable o aplaudiendo cuando vieran que tenía éxito. Alli también les comunicó a los niños que serían invitados a una fiesta en el lago cuando Viljo hubiese aprendido la habilidad.

Viljo practicó todos los días. Disfrutaba pegando los *tickets* de estacionamiento en el cartel de la pared. Los profesores y los niños fueron generosos al elogiarlo, y sus padres lo apoyaron mientras lo esperaban fuera del edificio en lugar de en el vestíbulo, al dejar que se concentrara en el aprendizaje de su habilidad.

Alli encomió a Viljo delante de sus padres:

—¡Hoy Viljo ha tenido éxito con su «habilidad de los coches» otra vez!

Le decía a la madre:

—¡Puede sentirse orgullosa de él de verdad! Este chico se ha portado fenomenal estos días.

Y su madre le respondía:

—Es maravilloso escuchar eso. Vamos a decírselo a la abuelita cuando hablemos con ella esta noche por teléfono.

Después de alrededor de un mes, todos estaban de acuerdo en que Viljo había aprendido la habilidad, así que había llegado la hora de organizar la fiesta. Tanto el padre como la madre pudieron asistir a la celebración, a pesar de que se hacía durante el día. Se organizaron juegos y se hicieron perritos calientes a la parrilla al aire libre. Al final de la fiesta, Viljo saludó a todos y les dio las gracias por ayudarlo en el aprendizaje de la habilidad.

    Cuando le preguntaron si había alguien a quien él pudiera ayudar a aprender su habilidad, nombró a su hermano pequeño. Así, Viljo le enseñó a vestirse deprisa para que ambos pudieran llegar a casa lo antes posible. No mucho después, otro niño de la guardería comenzó a aprender una habilidad y a Viljo, que se había convertido en un veterano en el método, le asignaron ser el ayudante de aquel.

Entrenamiento en el orinal con «el rey de la caca»
(niño de 5 años)

Raija Väisänen es una logopeda de la ciudad de Oulu, en el norte de Finlandia. Proporciona capacitación y orientación en las escuelas y guarderías sobre cómo atender a los niños diagnosticados con trastorno por déficit de atención o con las características del espectro autista. Ella utiliza con frecuencia Habilidades para niños *cuando entrena a los profesores y demás personal en el modo de manejar los problemas de los niños con necesidades especiales. Su historia representa un ejemplo de cómo un terapeuta que trabaja con un niño a nivel individual puede marcar una gran diferencia, al ayudar a los padres y a los profesores a encontrar maneras de lidiar con sus problemas tanto en casa como en la guardería.*

Raija veía a Jesse, un niño de cinco años que presentaba características del espectro autista y retraso en el desarrollo del habla, de manera regular para terapia del lenguaje. El problema adicional de Jesse es que era muy quisquilloso con la comida tanto en casa como en el centro de educación infantil. Debido a su dieta restringida padecía de estreñimiento y, en consecuencia, se negaba ir al baño, porque defecar le resultaba muy doloroso. En preescolar la situación había empeorado tanto que Jesse se negaba a sentarse a la mesa durante el almuerzo. En lugar de eso se escondía, por ejemplo, detrás de una puerta a la hora de la comida, y solo salía después de que esta hubiese terminado y los niños hubieran vuelto a jugar. Sufría dolores de estómago y a menudo se hallaba de mal humor debido al hambre que pasaba.

Raija entrenó al personal para abordar esta dificultad para comer mediante una división en pasos más pequeños. El primer paso era conseguir que Jesse practicase poner la mesa con los otros niños. Esto funcionó bien y Jesse recibió muchos elogios por su comportamiento. El siguiente paso consistió en que él aprendiera a sentarse con los otros niños en la mesa del almuerzo, sin tener que comer nada; luego empezó a poner algo de comida en el plato, etc.

De esta manera, paso a paso, Jesse progresó hasta que comenzó a comer con los demás. Mientras ocurría todo esto en el centro de preescolar, Raija ayudaba además a los padres, cuya principal preocupación residía en que Jesse se negaba a usar el baño, y se ensuciaba los pantalones o hacía sus necesidades en el suelo. No fue difícil para los padres definir el «aprender a usar el orinal» como la habilidad que querían que Jesse practicase.

Raija pidió a los padres de Jesse que le explicasen a su hijo por qué pensaban que era importante para él aprender la habilidad de usar el orinal. Entonces le dijeron que ello le haría feliz y así acabaría con el dolor de estómago. Jesse quería tener como ayudantes a sus padres, a su abuela y a Raija. El nombre elegido para la habilidad fue «el rey de la caca», que fue inspirado por uno de los personajes de Lego Bionicle que a Jesse le gustaba. No es de extrañar, pues, que para Jesse un *ayudante imaginario* fuese también un muñeco de Lego, ni que, asimismo, la recompensa que deseaba obtener por aprender la habilidad consistiera en que su madre lo llevara a comprar un Bionicle nuevo. El entrenamiento del orinal consistía en la práctica regular en presencia de su madre. Durante estos ejercicios, ella siempre le ofrecía una retroalimentación positiva, sin importar el resultado.

Raija hizo de ayudante de Jesse.

—¿Sabes una cosa? ¡He utilizado el baño esta mañana! —le dijo Jesse un día a Raija cuando llegaba a su sesión de terapia del lenguaje.

—¡Caramba! Estás aprendiendo rápido —respondió Raija—. Y tu madre me ha comentado que has empezado a decirle cuando tienes que ir. Creo que es una señal de que pronto podrás ir al baño cada vez que lo necesites.

En poco tiempo, Jesse sorprendió a Raija al acudir a su sesión de terapia del lenguaje con un nuevo Bionicle en la mano.

—Tengo esto porque ahora ya puedo usar el baño —dijo con orgullo.

Jesse estaba tan orgulloso de su recién adquirida habilidad que ahora quería enseñársela a su prima de dos años.

—Mira, tú también puedes conseguir uno de estos si aprendes a usar el orinal —habían oído cómo se lo explicaba a su prima, a la vez que le mostraba su nuevo muñeco de Lego.

Dejar de mojar la cama
(niño de 6 años)

Elsamaria Sverin, una orientadora de la escuela de Hudiksvall, en Suecia, contó un caso en el que tuvo que enseñar a un conocido suyo a ayudar a uno de sus hijos gemelos de seis años a controlar la orina durante el día. La historia constituye un buen ejemplo de cómo se les puede enseñar a los hermanos a que se ayuden unos a otros a superar los problemas.

Olle, que tenía seis años, se orinaba en los pantalones casi todos los días. Era un niño tan ocupado que carecía de tiempo para ir al baño. Los días que él se orinaba, su hermano gemelo Lasse se burlaba de él llamándolo «Olle el meón»,

Olle aceptó aprender a hacer pausas para ir al baño en medio del juego. Como Lasse y Olle estaban siempre juntos, el plan era que los hermanos hicieran paradas a la vez. Después de todo, si Olle dejaba de orinarse en los pantalones, Lasse ya no tendría que soportar el mal olor de su hermano.

Los gemelos le pusieron un nombre a la habilidad. Olle la llamó «Hormigas en los pantalones», y Lasse la llamó «Wunderbaum», el nombre de un famoso ambientador para coches. Los ayudantes de Olle incluían a mamá, papá, Lasse, y a su hermano adolescente, al que adoraba. Además, quería a sus dos abuelos maternos, a su abuela paterna, a su tía Anna y a sus dos hijas.

El *ayudante imaginario* de Olle era Batman, lo cual tenía mucho sentido porque era un verdadero fan de este superhéroe y le gustaba llevar su traje de hombre murciélago con frecuencia.

Cuando le preguntaron por el tipo de celebración que le gustaría tener cuando lograra aprender su habilidad, lo tuvo claro: quería celebrar una fiesta de disfraces. Olle y Lasse, a quien le encantaba vestirse de Spiderman, se sentían entusiasmados ante la planificación de la fiesta.

Con la ayuda de Lasse y el apoyo diario de su hermano mayor, Olle practicó con esmero la habilidad de hacer pausas. Por las mañanas, a la hora del desayuno, planeaba cuántas paradas realizaría durante el día y a qué hora serían. La tía Anna había hecho un cartel con el nombre «Hormigas en los pantalones» para Olle, en el cual pegaba una estrella por cada día que Olle ponía en práctica la habilidad. No importaba que se hubiera orinado o no en los pantalones a lo largo del día, ya que no conseguía las estrellas por mantenerse limpio, sino por practicar las pausas.

Después de un par de semanas, cuando por fin Olle aprendió a hacer bastantes paradas y a mantenerse limpio durante varios días seguidos, llegó el momento de organizar la celebración tan esperada. Todos acudieron disfrazados, incluso la abuela paterna, quien de forma habitual no haría una cosa así, y que, en cambio, para sorpresa de todos, llevaba un traje de conejo que había alquilado en una tienda de disfraces. La tía Anna había preparado un pastel de Batman, y el hermano mayor de Olle lo llevó en su moto de *motocross*.

Todos disfrutaron del proyecto e incluso hubo algunos resultados inesperados. Lasse quería aprender a dejar de usar el chupete —¡sí, todavía lo usaba de vez en cuando!—, y la tía Anna expuso algunas ideas sobre cómo se podría utilizar *Habilidades para niños* para dejar de fumar.

Permitir que los perros se acerquen
(niño de 7 años)

La siguiente historia fue relatada por Sari Remes, una enfermera de psiquiatría de la ciudad de Oulu, en el norte de Finlandia. A Sari le presentaron Habilidades para niños *en un programa de entrenamiento en psicoterapia, y decidió probar el método con su hijo Emil, de siete años, quien durante mucho tiempo le había tenido un miedo espantoso a los perros. Esta historia muestra cómo.*

Como era un niño alérgico, Emil nunca se había acostumbrado a los perros ni a los gatos, y no había habido ningún motivo real para ayudarlo a superar ese miedo. Pero ahora que asistía a la escuela, esta aversión se había convertido en un verdadero obstáculo. No podía visitar a ninguno de sus amigos o compañeros de clase que tenían perros, y se vio obligado a rechazar muchas invitaciones de cumpleaños. Cuando jugaba con sus amigos en la calle, siempre estaba en guardia, listo para meterse en casa como una flecha en cuanto viera a alguno de sus vecinos paseando a sus perros. La familia de Emil se llevaba muy bien con la familia de Emma. Emil y Emma eran muy buenos amigos, pero las visitas a la casa de ella eran algo casi imposible, ya que tenía tres perritos. Las pocas veces que la había visitado, Emil había agarrado a su madre con mucha fuerza por temor a que uno de los animalitos se le acercara. Su madre había comenzado a impacientarse, y ahora le decía cosas como: «Vamos, Emil», «¡Basta ya!», «¡No hay nada que temer!» y «¡Es tímido, no te hará nada!», pero no servía de nada. Sari pensaba *a posteriori* que era probable que, en realidad, sus buenas intenciones solo sirvieran para empeorar las cosas.

Cuando Sari descubrió *Habilidades para niños* decidió contarle la idea a Emil, con la esperanza de que se atreviera a probarla para intentar superar el miedo a los perros.

—Hoy nos han informado acerca de un método interesante para ayudar a los niños que tienen cosas que les gustaría aprender —dijo Sari, mientras le mostraba el cuaderno de *Habilidades para niños*—. Muchos críos tienen problemas que les hacen la vida difícil, pero, con este método, pueden transformarlos en habilidades que pueden aprender.

Emil mostró interés, así que Sari continuó:

—Como parte de mi formación tengo que practicar el uso de este método con un niño. ¿Se te ocurre alguna excusa para poner en práctica el método?
—El miedo que me dan los perros —contestó Emil.
—Podríamos intentarlo —dijo la madre, tratando de disimular su alegría—. Primero tenemos que averiguar qué habilidad necesitas aprender. Entonces, ¿qué deberías aprender para no tenerles miedo?
—Tengo que aprender a estar cerca de los perros —fue la respuesta de Emil.

La madre se sorprendió de lo natural que le resultaba a Emil pensar en tales términos.

—Veamos. El siguiente paso es que debes darle un nombre a la habilidad. ¿Cómo quieres llamarla?
—«Habilidad Murre» —respondió Emil.

«Murre» es un antiguo nombre de perro muy común en finlandés, que se suele utilizar como sinónimo de «perro».

—Suena bien. ¿Y en cuánto a un animal de poder o algún héroe que te ayude a aprender la habilidad? ¿Quién quieres que sea tu héroe?

Emil era un gran fan de Spiderman, por lo que no fue una sorpresa que este fuera su superhéroe elegido. Spiderman hace un gesto especial con las manos cuando lanza su red, y este gesto se convirtió en el símbolo que Emil utilizaba para invocar la valentía suficiente que le permitiera estar cerca de los perros.

—¿Por qué te va a venir bien aprender esta habilidad? —le preguntó Sari a Emil mientras seguía las instrucciones del libro.

—Así podré ir a casa de mis amigos del colegio que tienen perros, y también a las fiestas de cumpleaños, incluso aunque haya perros —dijo Emil.

—¿Algo más?

—Podríamos visitar a la familia de Emma —contestó Emil.

—Sí, y creo que te va a gustar jugar al aire libre si dejas de tener miedo a los perros que hay en su calle —añadió Sari al pasar la página del libro—. Además, necesitas ayudantes. ¿A quién elegirías como colaborador?

—A ti y a papá, a la abuela, a Riikka y a Paula —dijo Emil sin dudarlo.

Riikka y Paula eran unas hermanas que vivían al lado y con las que jugaba a menudo.

Emil también trazó un plan sobre cómo celebrarlo una vez aprendiera la habilidad. Quería hacer una pequeña fiesta en casa con su mamá, su papá, su abuela, Riikka y Paula, en la que habría pastel de zanahoria de la abuela y limonada.

—Bueno, y ¿cómo vas a querer practicar la «habilidad Murre»? —le preguntó Sari.

—Voy a dejar que un perro se acerque y olfatee mi mano —dijo Emil.

Emil cogió una hoja de papel y escribió el plan de su proyecto. Incluyó el nombre de su habilidad, una imagen de Spiderman y un dibujo suyo de un perro que olfateaba su mano. Luego enrolló el papel, lo ató con una cinta y lo escondió en su cuarto.

En la calle donde vivía Emil había dos familias, cada una con un perro pequeño. Al día siguiente, Sari se dio cuenta de que Emil esperaba con impaciencia a que apareciera alguno de los perros; cuando vio a uno, agarró a su madre y le dijo:

—Vamos a acercarnos para que el perro pueda oler mi mano.

Emil se agachó de manera silenciosa. Estaba inmóvil y mantenía las manos cerca de su cuerpo. El perro las olfateó un rato y luego perdió su interés.

—¡Emil, lo has hecho! ¡No me lo puedo creer! ¡Es genial! —exclamó la madre.

Emil quiso entrar de inmediato a casa para llamar a la abuela y contarle su éxito.

—¡Abuela! ¡Acabo de dejar que un perro huela mi mano! —le contó entusiasmado a su abuela.

La abuela elogió su atrevimiento. Emil practicó su habilidad a diario y en pocos días era tan valiente como para estirar la mano y dejar que el perro la lamiera. Sari no lo apremiaba de ninguna manera, sino que era él quien marcaba su propio ritmo.

Pasada una semana, Emil sorprendió a su madre al pedirle que fueran a visitar a la familia de Emma, que tenía los tres perritos. Así lo hicieron, y Emil sorprendió a todos al dejar que los tres cachorros al mismo tiempo se acercaran a él.

Dos meses después, Emil manejaba tan bien la «habilidad Murre» que había llegado la hora de organizar la fiesta. Tal como estaba previsto, la abuela, Riikka y Paula fueron invitados. La charla no fue larga:

—¿Sabes por qué estamos hoy aquí, Emil? —preguntó la madre a su hijo—. Porque has aprendido la habilidad de dejar que los perros se acerquen a ti y has superado tu miedo.

En el momento en que Sari relató la historia, Emil contaba ya diez años y su miedo a los perros había desaparecido por completo.

Ahora puede visitar a cualquiera de sus amigos, independientemente de que tengan o no perro. Asimismo, mostró señales de querer enseñar su habilidad a los demás.

Un día, poco después de su fiesta, Sari vio cómo Emil intentaba enseñar a su hermano de dos años y medio:

—Ven aquí y deja que el perro huela tu mano. Verás, no te hará nada —le explicaba al pequeño, a pesar de que este no tenía miedo a los perros.

El niño que se convirtió en el Jefe de Bomberos
(niño de 8 años)

Ken Bennett es bombero en Gold Coast, una ciudad costera perteneciente al estado de Queensland (Australia). Es uno de los más de 70 bomberos que han sido adiestrados para desarrollar un exitoso programa llamado «Fascinación por la Lucha contra Incendios» (FFF, por sus siglas en inglés). Este programa está dirigido a jóvenes que han sido sorprendidos mientras jugaban con fuego y que, por lo tanto, podían haber ocasionado algún incendio. El bombero, vestido con su uniforme oficial, visita la casa del niño en varias ocasiones durante un período de unos meses, mostrando confianza y comprensión, con el fin de explicarle las consecuencias, así como los beneficios del fuego, mientras lo educa en la seguridad contra incendios. El programa FFF incluye en su desarrollo las pautas específicas de Habilidades para niños, *como los pasos de las habilidades de aprendizaje, la colaboración de los ayudantes o la organización de una celebración, y ofrece al niño la oportunidad de enseñar los conocimientos adquiridos a los demás.*

Jackson, que tenía ocho años en el momento en que los acontecimientos narrados tuvieron lugar, padecía el trastorno del espectro autista, el cual se le diagnosticó cuando contaba cinco años. Conoce el abecedario y ya sabe escribir su nombre, pero su lectura es limitada, solo puede contar hasta 20 y no recuerda los nombres de los días de la semana. También padece de mala memoria a largo plazo, lo que le añade una dificultad extra para aprender cosas nuevas. A pesar de su discapacidad, Jackson asistía a un colegio al uso y estaba «integrado», lo que significa que no lo habían segregado en un centro de educación especial para niños con este tipo de problemas. No obstante, aunque estudiaba junto con sus compañeros en una clase típica, recibía atención y asistencia especiales.

Se trata de un niño hablador y amable, aunque su habilidad para comunicarse resulta limitada.

Un día la madre de Jackson buscaba su mechero. No podía encontrarlo por ningún lado, así que le preguntó si sabía algo al respecto. Él negó todo conocimiento por su parte, pero su madre se dio cuenta de que no decía toda la verdad. Y, en efecto, en poco tiempo Jackson no solo admitió haber cogido el mechero, sino también que lo había usado para prenderle fuego a la hierba, hojas y papel en el patio delantero de la casa. Los adultos creían que lo hacía para impresionar al chico de la acera de enfrente, pero Jackson no veía tal relación. Cuando se le preguntó: «¿Por qué has hecho eso?», Jackson dijo simplemente: «Solo quería ver las llamas».

La madre estaba horrorizada. En su desesperación, llamó a los bomberos con la esperanza de que tal vez hubiera alguien allí que pudiera hacerle comprender a Jackson el peligro que comportaba hacer cosas semejantes. En el departamento, el operador puso en contacto a la madre con Ken, el coordinador estatal del programa FFF, quien le comentó en qué consistía este y la ayudó a concertar una cita, con la finalidad de hablar con Jackson en su casa.

Cuando Ken llegó al hogar de los Cassidy, empezó a hablar con la madre y con Jackson, pero este comenzó poco a poco a sentirse más cómodo con la situación, y la madre aprovechó para ir a la cocina y así «permitir que los hombres se conocieran mejor». Ken empleó una serie de tarjetas llamadas *Tarjetas de fuerza para niños*, con el fin de establecer contacto con Jackson.

—Elige tres cartas que describan cosas que son buenas —le dijo Ken, mientras extendía el conjunto de tarjetas con dibujos sobre la mesa de la sala.

Jackson miró las cartas durante mucho tiempo antes de hacer su elección. Las que eligió fueron las siguientes: «Yo puedo hacer cosas», «Puedo ser valiente» y «Puedo tener miedo a veces». Estas tres cartas sentaron las bases para la sincera conversación que mantuvieron a continuación.

Durante esta, Ken descubrió que, además del incidente relacionado con el riesgo de provocar incendios, Jackson había provocado otros fuegos y, asimismo, de forma reciente había sido intimidado y maltratado físicamente por un chico nuevo en el colegio que también había acaparado a los amigos de Jackson, lo cual le hacía sentirse solo y frustrado. Aunque el colegio había intentado controlar la intimidación, mucho de lo que había ocurrido se pasaba por alto debido a la deficiente capacidad de comunicación de Jackson. Ken logró establecer una conexión con él y llegaron al acuerdo de que lo visitaría otra vez en dos semanas.

Cuando llegó la segunda visita, Ken se encontró con malas noticias. Al parecer, la semana anterior el matón del colegio le había robado el almuerzo a Jackson, lo había pisoteado y luego lo había arrojado al cubo de la basura. Jackson había exigido una disculpa que llevó al niño a insultarlo. En defensa propia, Jackson había cogido al matón y lo había empujado al suelo, a consecuencia de lo cual se fracturó el brazo. Después de este incidente, Jackson se cerró en banda y a Ken le costó mucho tiempo reconstruir el vínculo; por fortuna, hacia el final de su encuentro Jackson se abrió a él. Su madre se sintió tan aliviada que luego aseguró que aquella reunión había sido su salvación.

Durante la tercera visita domiciliaria, Ken comenzó a enseñarle a Jackson las habilidades del «Oficial de seguridad contra incendios en el hogar». Estas habilidades incluían: el aprendizaje de memoria del número de teléfono de emergencia y el mensaje que había que decir al responder; saber cómo escapar de forma segura en caso de incendio, a través de la maniobra «parar, caer y rodar»; diseñar un plan de escape posible; alarmas de detección de humo; apagar puntos de alimentación como enchufes eléctricos, y gritar: «¡Fuego! ¡Fuego! ¡Fuego!», para llamar la atención. El padre de Jackson participó en la elaboración del plan de escape de la casa, lo cual tuvo el efecto de fortalecer el vínculo entre padre e hijo.

La cuarta y última visita de Ken consistió en la celebración con toda la familia presente. La madre había preparado un pastel y Jackson tuvo la oportunidad de presumir de todas sus nuevas habilidades delante de su familia, antes de ser galardonado con el impresionante emblema de «Oficial de seguridad contra incendios en el hogar» y con el certificado.

Al día siguiente, Jackson llevó su nuevo emblema al colegio y se lo mostró a su profesor. Cuando este comprendió lo que eso significaba, le preguntó a Jackson si quería contarle a toda la clase la historia de su emblema y su experiencia en el programa de «Fascinación por la Lucha contra Incendios». Jackson aceptó el ofrecimiento. Así pues, de pie delante de la clase contó toda la historia, desde su tendencia a provocar incendios hasta las visitas a casa de Ken, los conocimientos adquiridos en relación con la seguridad contra incendios y las habilidades que había aprendido. De esta manera, causó una gran impresión en sus compañeros de clase, incluso en quienes habían estado implicados en el acoso escolar contra él. Además, no solo se acordó de todo lo que le había enseñado Ken, sino que, por primera vez en su vida, se atrevió a permanecer de pie y hablar delante de público. Estaba convencido de que su presentación había desempeñado un importante papel a la hora de recuperar sus amistades y, luego, al conseguir una invitación para ser miembro del equipo de críquet de la escuela

Tuve el privilegio de conocer a Jackson y a su madre cuando visité Brisbane. Al comienzo de nuestra reunión, Jackson se dio cuenta de que había dejado su tarjeta de identificación de «Oficial de seguridad contra incendios» en su casa, y estaba a punto de llorar. Su emblema era muy importante para él. Después de escuchar la historia le pedí a Jackson que me dijera lo que había aprendido sobre seguridad contra incendios durante el programa.

—Por ejemplo —comenzó a decir—: si hay un incendio en la casa, tienes que agacharte para evitar el humo que siempre sube, y hay que evitar agarrar los pomos de las puertas con las manos porque te puedes quemar la palma. Mira, si te quemas la palma, puede ser muy difícil de curar. Por eso necesitas envolver una camiseta o algo así alrededor de la mano, y luego agarrar el pomo caliente de la puerta con ello.

—Nunca se me hubiera ocurrido. Es bueno saberlo —le dije—. ¿Qué más has aprendido?

—Sé cómo probar las alarmas de humo y también que hay que hacerlo todas las semanas.

—Pues tampoco sabía eso —tuve que confesar—. ¿Y qué pasaría si en el colegio vieras a un chico jugar con un mechero? ¿Qué harías?

—Le diría que no lo hiciera.

—Eso es bueno. ¿Y si el chico se niega? ¿Qué harías entonces?

—Iría y se lo diría al profesor —dijo Jackson de manera resuelta.

Así continuamos durante bastante tiempo y, cuanto más oía a Jackson explicar cómo lidiar con seguridad con las diferentes situaciones, más convencido estaba de que se merecía el emblema de «Oficial de seguridad contra incendios en el hogar».

La madre de Jackson se sentía muy orgullosa. La profesora de Jackson le había dicho que su hijo había madurado mucho, que había aprendido a dirigir en lugar de seguir siempre a los demás, y que se había convertido en un buen modelo a imitar para otros niños. Ella había recurrido en más de una ocasión a profesionales con el fin de obtener ayuda para Jackson, pero esta, dijo, había sido la primera vez que alguien lo ayudaba en realidad.

Hacer buenas migas con la hermana pequeña
(niña de 8 años)

Esta es la historia de una niña de ocho años llamada Kimiko, cuyo caso fue atendido por Yuka Samata, una orientadora escolar de un colegio privado de Tokio. La historia ilustra muchos de los pasos de Habilidades para niños. *Todo comienza al mostrar la importancia de reformular un problema como una habilidad que se puede aprender, para, a continuación, revelar el valor de los ensayos y la flexibilidad del método, que sorprende hasta el punto de que Kimiko eligió una canción, en lugar de un ayudante imaginario, para que la ayudase a aprender su habilidad.*

Kimiko fue remitida a orientación por parte de sus padres, que estaban preocupados porque ella se había vuelto agresiva en casa. Se peleaba con frecuencia con su hermana pequeña y la hacía llorar. Su profesora también había mostrado su preocupación al respecto, pues, al parecer, durante los últimos meses la niña había cogido dos veces las pertenencias de sus amigos y las había escondido, algo que nunca había hecho antes. Los padres le dijeron a Yuka que les gustaría que Kimiko aprendiera a seguir las reglas en casa, así como en el colegio, y a «distinguir el bien del mal».

Kimiko estaba de acuerdo y, al día siguiente, su padre la llevó a ver a Yuka.

—He hablado con tus padres —dijo Yuka—, y están preocupados porque te muestras agresiva con tu hermana pequeña. De hecho, me han pedido que hable contigo sobre ello.

Kimiko le explicó a la orientadora que su hermana pequeña tenía la mala costumbre de imitarla cuando ella regresaba del colegio.

Debido a eso, Kimiko se ponía agresiva. Su hermana pequeña siempre terminaba llorando y pidiendo ayuda.

Kimiko sabía que su hermana solo fingía que lloraba porque, si su madre la reprendía, la pequeña sacaba la lengua y sonreía de manera burlona cuando su madre no miraba. Kimiko también le dijo a Yuka que tenía muchas ganas de cuidar de su hermana cuando su madre tuviera que ir al hospital para dar a luz.

Yuka le preguntó a Kimiko qué habilidad debería aprender para que sus padres no tuvieran que preocuparse más por ella. Kimiko dijo que tendría que aprender a no pelearse con su hermana pequeña.

—Entonces, ¿cómo puedes conseguir eso? ¿Cómo vas a dejar de pelearte con ella si empieza a imitarte y a ti te dan ganas de gritarle o de pegarle? —le preguntó Yuka.

Kimiko pensó un momento y dijo:

—Entonces tendré que aprender a no permitir que me moleste.

—No permitirás que ella te moleste, hum…, ¿qué significa eso? —quiso indagar Yuka—. Debe resultar difícil no molestarse cuando tu hermana menor te imita. ¿Qué vas a hacer en esas situaciones en vez de enfadarte con ella?

—La ignoraré cuando me imite y, si aun así no se detiene, llamaré a mi mamá para que me ayude —aseguró.

—Así que, ¿ignorar las imitaciones de tu hermana y pedirle ayuda a tu madre si ella no para va a ser la habilidad que vas a aprender? Me parece una buena idea. ¿Te parece una buena idea a ti también? —preguntó Yuka.

—Sí —dijo Kimiko. Estaba decidida.

Cuando se le preguntó por los beneficios que le reportaría a ella el aprendizaje de la habilidad, Kimiko dijo que no le gustaba pelearse de primeras. También reveló que se sentiría mejor si sus padres entendieran que era su hermana pequeña la que empezaba las peleas. Cuando se le preguntó qué beneficios tendrían sus padres después de aprender la habilidad, dijo que no deberían preocuparse más por su comportamiento agresivo y que ello beneficiaría a su madre, que estaba embarazada y se sentía mal a veces. La madre ya no tendría que regañar a Kimiko, ni que calmar a su hermana menor después de las peleas.

—Si aprendo la habilidad —dijo la niña—, ya no me pelearé con mi hermana y mi madre estará contenta.
Debido a que el plan incluía a su madre, Kimiko decidió comentárselo al llegar a su casa.
—¡Así que aprender esta habilidad traerá muchas cosas buenas! —confirmó Yuka—. Apuesto a que tendrás que empezar a aprenderla lo antes posible.
—¡Sí! —dijo Kimiko con una gran sonrisa en su cara—, me gustaría aprenderla ya.

Yuka le preguntó a Kimiko que a quién elegiría para aprender la habilidad.

—Le pediré a mi mamá que me ayude —respondió la niña.
—¿Y quién más podría colaborar? —continuó Yuka.
—Mi papá, para que sepa lo que voy a hacer. Quiero hablar con él acerca de este tema cuando venga y me recoja. Y quiero que tú también estés allí.
—¿Y qué va a pasar con tu profesora? ¿Debería saber esto? Si hablo con ella, ¿puedo contarle lo que hemos planificado? —le preguntó Yuka.
—Sí, puedes decirle que voy a aprender esta habilidad en casa —aseguró Kimiko con orgullo.

Kimiko no tenía ni idea de cómo podía ignorar a su hermana pequeña, por lo que la orientadora organizó un juego de rol en el que ella misma haría de hermana pequeña, y una planta grande situada en la esquina de la sala sería la madre. Así pues, Yuka empezó a imitar a Kimiko burlándose de sus expresiones y repitiendo cada palabra que Kimiko decía. Al principio, a Kimiko le parecía divertido, pero poco a poco comenzó a molestarse.

—Por favor, para ya —pidió la niña.
—Por favor, para ya —repitió Yuka a modo de respuesta mientras continuaba su imitación—. ¡Por favor, para ya!

Kimiko se tapó los oídos con las manos y comenzó a tararear una canción, «¡La la-la-la-la!», en voz alta. Al imitar Yuka su tarareo, Kimiko corrió hacia la esquina donde estaba la planta, y se escondió detrás.

Cuando la orientadora le preguntó acerca de lo que pensaba del juego de rol, Kimiko respondió que le había resultado difícil hacer caso omiso de la imitación, pero que taparse los oídos y tararear en voz alta la había la ayudado. Yuka le sugirió que, tal vez, sería más divertido si pudiera cantar su canción favorita en lugar de tararear «la-la-la». Así que Kimiko eligió una canción que estaba aprendiendo en la escuela y decidió utilizarla en su lugar.

A continuación, Yuka le pidió a Kimiko un nombre para su habilidad; Kimiko lo pensó un rato y luego le dijo que quería llamarla «la habilidad de Outa». *Outa* es la palabra japonesa para «canto».

Había llegado el momento de que Yuka preparase a Kimiko para afrontar las dificultades.

—Supongo que podría ocurrir que te olvidases de la habilidad y empezases a gritarle a tu hermana, o que le pegues como ya has hecho antes. Si eso llegara a suceder, ¿cómo podrían ayudar tus padres a que recordaras la «habilidad *Outa*»?
—Pueden cantar la canción —dijo la niña.

Así, acordaron que Kimiko pasaría por la oficina de Yuka dos semanas más tarde para decirle cómo había funcionado el plan.

Cuando consiguiera aprender la habilidad, se montaría una pequeña celebración y, si no, el plan sería modificado y mejorado.

Al salir, el padre de Kimiko había ido a recogerla, y Kimiko le habló de la habilidad y de cómo iba a aprenderla, y le pidió que fuera su ayudante. Él se mostró de acuerdo, le aseguró que intentaría hacerlo lo mejor posible y le dijo que pensaba que era un buen plan. Kimiko sonrió, feliz.

Una vez en casa, se lo contó a su madre. Su hermana pequeña no la molestó ese día, pero cuando Kimiko llegó del colegio al día siguiente, comenzó a imitarla como siempre. Kimiko trató de ignorarla, aunque sin ningún efecto. Entonces se tapó los oídos y empezó a cantar la canción como había planeado. La hermana pequeña seguía imitándola. Kimiko se dirigió a su madre mientras entonaba la canción y con las manos puestas en los oídos. La hermana estaba muy sorprendida, pero comenzó a cantar junto a Kimiko. De este modo, mientras cantaban, las dos niñas se acercaron a su madre, que en ese momento se hallaba en la cocina. La situación era tan graciosa que las pequeñas se reían y cantaban al mismo tiempo. La madre sabía que Kimiko necesitaba su apoyo, así que empezó a cantar también. La situación se había vuelto tan cómica que, al final, terminaron riéndose las tres.

Kimiko utilizó este método varias veces con diferentes canciones y siempre funcionó. Todo el problema se transformó en un juego, con el resultado de que Kimiko ya no se molestaba cuando su hermana pequeña la imitaba, y esta, al cabo, perdió el interés.

Dos semanas después de la primera reunión, Kimiko y Yuka se vieron de nuevo. Tras escuchar lo que había sucedido, Yuka decidió que era el momento de celebrarlo de inmediato en su oficina. Kimiko le enseñó a Yuka su canción y la cantaron juntas. Yuka le entregó a Kimiko un juguete pequeño que colgaba de la pared de su oficina. Se trataba de su certificado, como símbolo de haber aprendido la habilidad.

El día de Año Nuevo, Yuka recibió una carta de la madre de Kimiko con una foto de familia. La madre le escribió para decirle que Kimiko ya no se peleaba con su hermana pequeña y que cuidaba mucho a su hermano recién nacido. Había modificado su comportamiento y ahora era una buena hermana para sus dos hermanos; todos estaban contentos con el cambio.

Unos seis meses después, Yuka se sorprendió al ver a Kimiko de nuevo. Esta vez, acudió junto con una amiga suya y le explicó que la amiga necesitaba ayuda porque estaba muy enfadada con una compañera de clase que siempre le daba órdenes en el camino del colegio a casa. En cuanto la amiga le contó la situación a Yuka, Kimiko se hizo cargo y comenzó a explicarle a su amiga que la habilidad que tenía que aprender consistía en ignorar a esta compañera de clase que era tan mandona.

—Yo puedo ayudarte a encontrar una forma divertida de aprender esa habilidad —dijo Kimiko.

Yuka no pudo evitar sonreír al observar a Kimiko y a su amiga sentadas mientras debatían, muy serias, sobre cuál sería la mejor manera de aprender la habilidad de ignorar a esa compañera de clase.

Domando la violencia
(niño de 8 años)

No es extraño que los problemas de comportamiento se repitan después de haber sido tratados con éxito en la terapia. En estas situaciones resulta útil contemplar el éxito anterior como una base sobre la cual se puede construir el próximo episodio de tratamiento. Esta idea se ejemplifica con el caso relatado por Tanja Simon, una psicóloga que dirige una clínica privada en Viena, Austria. La historia es sobre un niño de ocho años que había estado en tratamiento con Tanja el año anterior a causa de sus violentos arranques de ira en la escuela. Tras haber atacado a otros niños, así como a su profesor, con sillas, botellas rotas y con los puños, fue expulsado de la escuela de forma temporal y su familia se vio obligada a buscar ayuda profesional. Tanja vio a Fabián una vez por semana durante seis meses y logró que se calmara, sin que se produjeran más incidentes relacionados con nuevos brotes de agresividad en el colegio. Sin embargo, alrededor de un año más tarde se repitió la agresión, aunque no en la escuela sino en casa, donde se puso violento con sus padres. La psicóloga decidió utilizar Habilidades para niños *en su intervención con Fabián.*

Tanja recibió una llamada telefónica de la madre de Fabián.

—¿Podría usted ver a Fabián otra vez, por favor?
—Claro, ¿qué pasa? ¿Ha tenido de nuevo problemas en el colegio? —le preguntó Tanja.
—No, en absoluto. Ahora es de los chavales que mejor se comportan en la escuela, pero ha comenzado a tener brotes de violencia en casa y no sabemos qué hacer con él —contestó su madre.

Puso a Tanja al día sobre su conducta reciente, incluido un incidente en el que había tratado de atacar a sus padres con un cuchillo grande de cocina. La madre dijo que eso no solo los había asustado a ellos, sino también a Fabián, quien había pedido ver a Tanja de nuevo.

Cuando Fabián acudió con sus padres a la consulta, Tanja le habló de *Habilidades para niños* y le enseñó el cuaderno de trabajo. Fabián mostró interés y, en unos minutos, ya se había puesto manos a la obra. La habilidad que quería aprender era controlar su ira y mantener la calma. A esta habilidad decidió llamarla «Ronaldinho», empleando el nombre de una famosa estrella de fútbol brasileño que es conocido por mantener el control en todas las situaciones. Fabián era un excelente jugador de fútbol y Ronaldinho, su único héroe.

El niño era muy consciente de los beneficios de adquirir esta habilidad. En la actualidad sus padres no lo llevaban a ningún sitio público. Ir a restaurantes, tiendas y de vacaciones de momento era algo impensable, de modo que aprender la habilidad acarrearía la consecuencia de poder ir a distintos lugares con sus padres y planificar un viaje de vacaciones con ellos. Tampoco experimentaría los intensos sentimientos de vergüenza y culpabilidad que lo embargaban siempre después de haberse puesto violento; vería más a sus amigos, se le permitiría invitarlos a su casa otra vez, y evitaría gritar a sus padres, junto con la consiguiente regañina por parte de estos.

Fabián eligió a Medusa como su animal de poder. Medusa era una Rottweiler que parecía peligrosa, pero en realidad era amable con todo el mundo. «Nunca mordería a nadie», explicó Fabián, «ni siquiera aunque le pisaran la pata». Así pues, colocó una imagen de Medusa en la pantalla de su teléfono móvil y decidió colocarse en el cuello uno de los antiguos collares de Medusa. Esto le permitía sentir que el poder mágico del animal lo acompañaba dondequiera que fuera.

Cuando se le preguntó cómo quería celebrar el aprendizaje de la «habilidad Ronaldinho», el niño dijo que quería hacer una fiesta en el jardín con sus padres y sus abuelos. Los imaginaba sentados y hablando allí, mientras disfrutaban de un pastel de frutas al horno de su abuela. Acordó con Tanja que para que esta fiesta se llevara a cabo, tendría que pasar un período de seis meses libre de los estallidos de violencia.

Fabián estaba seguro de que podía aprender la «habilidad Ronaldinho». Después de todo, durante el año anterior no había padecido una sola explosión de ira en la escuela. Sus padres compartían su seguridad. Dijeron que tenía mucha fuerza de voluntad y que, si él decidía aprender algo, sin lugar a dudas podía conseguirlo.

Tanja le preguntó a Fabián cómo quería que se le recordara la habilidad si creía que se hallaba a punto de perderla. Sugirió que sus padres podían facilitarle periódicos viejos que él pudiera romper en pedazos, una almohada que pudiera batear y una pelota antiestrés, llena de arroz, que podía apretar hasta que se calmara. La pelota antiestrés resultó ser la mejor opción y nunca se olvidaba de llevarla consigo cuando salía con sus padres.

Fabián descubrió unas cuantas técnicas para contener su ira. Practicaba la respiración profunda y se reía de las situaciones que de manera habitual le podían hacer explotar. También quería aprender a hablar de circunstancias concretas que le resultaban molestas con calma y naturalidad, de modo que sus padres lo entendieran y pudieran ayudarlo a encontrar soluciones. Con Tanja, Fabián utilizaba los juegos de rol para practicar su habilidad. Con sus padres, reconstruía algunos de los escenarios del pasado donde había perdido los estribos, y dramatizaba en otros nuevos donde se mantenía la calma. A veces, se intercambiaban los roles para que él desempeñara el papel de uno de los progenitores y uno de ellos hiciera su papel.

En casa, Fabián practicaba la habilidad dos veces por semana: una con la madre y otra con el padre. Los ejercicios en el hogar implicaban hacer juegos de rol en situaciones molestas, para demostrar al mismo tiempo que era capaz de mantener la calma con la respiración profunda.

Aunque el progreso era constante, no se hallaba del todo desprovisto de recaídas. Fabián nunca se volvió a poner violento, pero se produjeron unos cuantos episodios en los que perdió los nervios y empezó a gritar y a insultar a su madre en público. A pesar de tales incidentes, siete meses después de la primera reunión, la familia estaba de acuerdo en que Fabián había aprendido la habilidad y decidieron organizar la fiesta en el jardín que él había pedido.

En una conversación telefónica con la madre unos meses más tarde, Tanja se enteró de que Fabián le había explicado su habilidad a su amigo Mario, que era conocido por su tendencia a atacar a otros niños si lo provocaban de alguna manera. Fabián había demostrado cómo mantener la calma mediante respiraciones profundas, haciendo caso omiso de los ataques verbales y saliendo de la situación sin pegar a nadie.

Una agradable visita al hogar

(niño de 8 años)

La mayoría de los profesionales que trabajan con los niños y las familias prefiere ver a sus clientes en la seguridad de su consulta, donde tienen control sobre cómo se desarrolla el encuentro. A veces, sin embargo, en particular en materia de bienestar infantil y de protección de los niños, los profesionales necesitan hacer su trabajo en el hogar de las familias a las que tratan de ayudar. Llevar a cabo una conversación productiva en el hogar de la familia es a menudo difícil, debido a infinidad de distracciones externas. En tales situaciones, Habilidades para niños *puede contribuir a darle estructura, forma y propósito a la conversación. La siguiente historia fue relatada por Simon Jackson, jefe operativo de la organización benéfica nacional Acción Familiar en Bradford, Inglaterra. Muestra la importancia de establecer de forma cuidadosa una relación positiva con la familia para, en este caso, ganarse la confianza de James antes de introducir el concepto de* Habilidades para niños.

Esta familia estaba compuesta por la madre —Karen—, el padre —Martin— y los seis hijos de ambos, siendo el más joven un bebé de once meses. Debido a una serie de problemas, los servicios sociales habían remitido a la familia a Acción Familiar. En particular, la trabajadora social había expresado su preocupación por los dos hijos mayores, James, que tenía ocho años, y John, que tenía diez.

Simon fue a visitar a la familia para averiguar lo que Acción Familiar podía hacer para ayudarlos. Karen estuvo presente junto a sus seis hijos. Martin no se encontraba en casa. Se había marchado tras mantener una discusión con Karen delante de los niños sobre el consumo de alcohol. Martin quería que Karen le comprara cerveza y Karen se había negado. Como resultado, había un clima de tristeza y frustración en el hogar.

Simón era consciente de que de momento era otro trabajador más que se inmiscuía en la vida de la familia, así que decidió iniciar la reunión intentando romper el hielo con un poco de humor.

—Bien chicos —comenzó a decir a los niños—, ¿dónde me puedo sentar? Puedo sentarme en el suelo o en el armario (señaló los muebles de la esquina), o podría ponerme en aquel rincón o incluso tirarme en el sofá.

Su creativa forma de empezar y de continuar la conversación contribuyó a que todos se sintieran a gusto y eso hizo que los niños pensaran que en realidad podía ser divertido hablar con él. Simon entonces dejó que Karen hablara durante un rato acerca de lo que había sucedido con Martin al principio del día. Al parecer, se había producido una discusión entre ellos a causa del alcoholismo de él, tras lo cual Martin acabó muy enfadado y se marchó a casa de su madre. Simon escuchó su historia y felicitó a Karen por anteponer las necesidades de sus hijos y no permitir que Martin bebiera en casa.

Karen había sido descrita por el trabajador social como alguien que gritaba a sus hijos de manera constante; sin embargo, Simon la veía de forma diferente. Para él, Karen era una madre con tendencia a levantar la voz cuando hablaba con sus hijos, pero es que —a ojos de Simon—, el simple intento de ser escuchada y de poner orden en un ambiente familiar tan caótico —una habitación con seis inquietos niños menores de diez años— parecía algo de lo más normal.

La familia había sido informada de que Simon se centraría en trabajar con James, con el fin de que no se sorprendieran cuando pusiera el foco de atención sobre él en concreto.

—En realidad, ahora necesito vuestra ayuda —dijo Simon dirigiéndose a todos ellos—. James y yo nunca nos hemos visto antes y creo que me bastaría con saber algunas cosas acerca de él. ¿Podéis contarme algo sobre James que yo no sepa? Me serviría cualquier cosa, y tan solo hay que cumplir una regla: debéis informarme únicamente de aquellos aspectos en los que James sea bueno, de las cosas que él haga bien.

—Es difícil de decir —respondió enseguida la madre—, porque me provoca todo el tiempo. Se pone bajo mis pies, me responde, no hace lo que digo y eso.

—Esas cosas son importantes, pero solo tienes que centrarte en aquello en lo que James es bueno —insistió Simon—. Algo que no consista en ponerse bajo los pies o rechistar. ¿Tal vez alguna cosa que te parezca graciosa y que te haga reír?

—Bueno, a veces puede ser travieso, nada desagradable, un poco descarado y divertido.

—Así que puede mostrarse divertido y descarado. ¿Y qué sucede cuando es divertido y descarado?

—Nos hace reír. Y a los profesores del colegio les gusta.

—Eso es genial, James. ¡Los profesores te quieren! Bueno, ¿qué te parece si, para ayudarme a recordar todas las cosas en las que eres bueno, anotamos algunas de ellas?

La lista de cosas buenas fue en aumento y Simon escribió todo lo que se dijo. Karen explicó que James era bueno en la limpieza de la casa y en tener su habitación ordenada. Para sorpresa de todos, John, cuando se le hizo la misma pregunta, respondió que James se portaba bien en el colegio. Simon se hallaba desconcertado.

—Pero me dijeron que James tenía siempre problemas en el colegio. ¿Acaso no es cierto? —quiso indagar.

—Solía tener problemas el año pasado, pero ahora está mucho mejor —explicó la madre—. Todos sus profesores dicen que se mete en menos problemas en clase y que no se pelea tanto con los otros chicos.

James hizo una lista de los puntos fuertes que su familia había identificado, sin omitir ninguno.

—¿Puedo pediros que, como su familia, penséis en una última cosa en la que James sea bueno? —continuó Simon—. ¿Algo en lo que en realidad destaque por encima de todas las otras cosas que ha mencionado?

—La conducta —contestó la madre—. Tiene una conducta ejemplar.

—¿Su conducta? Así que, ¿en lo que más destaca es en su comportamiento?

—Sí, ha mejorado tanto que estoy muy orgullosa de él. Sus profesores me dijeron que ha cambiado de verdad en el colegio y puedo constatar que en casa también lo ha hecho.

—Suena como si hubieras hecho un montón de cambios tanto en el hogar como en el colegio —le dijo Simon a James—. ¿Cómo lo has logrado?

—Es simple: no me quiero meter en más problemas. Quiero hacer feliz a mi mamá.

—Así que tratas de no meterte en problemas. ¿Qué es lo que has cambiado en el colegio?

—Cuando otros niños me provocan, me alejo y no discuto con ellos.

—Así que no meterte en problemas ni discutir con otros niños. ¿Sabes una cosa, James? Ojalá te pudiera llevar conmigo cuando veo a otros niños. Tus ideas son brillantes.

Y dirigiéndose a la madre, Simon continuó:

—Ayúdame a imaginármelo. ¿Podrías valorar la conducta de James en una escala del uno al diez, donde «diez» significa que James es un niño perfecto, sin problemas ni preocupaciones? Ya sé que los niños no pueden ser perfectos, pero intentemos acercarnos al diez lo máximo posible. El otro extremo es el número uno, lo cual significa el peor comportamiento del mundo: nada sale bien y James siempre se ve envuelto en problemas.

Simon dibujó una escala en un trozo grande de papel y continuó:

—Vamos a pensar en James en el colegio durante el curso pasado. ¿Dónde se situaría su comportamiento en esta escala del uno al diez?

—Yo diría que en el número uno —dijo la madre.

—¿Y qué ocurre ahora, con todas las cosas en las que es bueno, como ser divertido y descarado, gustarle a los profesores del colegio, ayudar más en casa, hacer su trabajo, no discutir en la escuela y, como dice James, tratar de no meterse en tantos problemas?

La madre pensó durante unos segundos y luego dijo:

—Un seis, diría un seis. Ha pasado de un uno a un seis y estoy muy orgullosa de él.

—¿Qué? —dijo Simon dirigiéndose a James—: ¿Me estás diciendo que en solo unos meses has pasado de un uno a un seis? ¡Directamente de uno a seis! ¡Ese es un logro fantástico!

En esta parte, Simon decidió introducir la idea de que podía haber una habilidad que James aprendiera, que mejoraría aún más las cosas.

—La conducta de James es de un seis ahora mismo, lo cual es genial. Pero me pregunto qué podría hacer para conseguir que su comportamiento pasara al número siete. Cualquier cosa. No tiene por qué ser algo grande, solo algo en lo que tuviera que esforzarse para cambiar.

—Bueno, podría dejar de interrumpir a la gente —dijo la madre—. Lo hace mucho en casa y sus profesores dicen que también lo hace en el colegio.

—Así que podría haber algo que ayudara a que James pasase de un seis a un siete. ¿Qué tendría que hacer para dejar de interrumpir a la gente?

—Es simple: no hacerlo, no interrumpir todo el tiempo —dijo la madre sin rodeos.

—A veces dejar de hacer cosas puede resultar muy difícil. Difícil de conseguir. Por lo tanto, podría ser una buena idea que

James empezara a hacer algo nuevo, en lugar de tratar de dejar de hacer algo del pasado.

—No sé qué quieres decir —dijo la madre, confundida.

Simon le explicó a Karen la idea: resulta más fácil lograr que los niños aprendan a hacer lo correcto que conseguir que dejen de hacer las cosas mal, y dijo:

—Vamos a pensar; si el problema es la interrupción, ¿qué podría aprender a hacer James que le sirva de ayuda con la interrupción?

—Podría escuchar más lo que dice mamá o lo que dice el profesor —intervino John.

—Así que, en lugar de interrumpir, ¿podría aprender a hacer qué? —le preguntó Simon a John.

—Escuchar más —concretó John.

—¡Esa sí que es una idea buena de verdad! En lugar de interrumpir, James debería tratar de escuchar más tanto en casa como en la escuela. ¿Tú qué crees, Karen?

—Sí que podría tratar de escuchar más —dijo Karen.

—¿Y a ti, James?, ¿qué te parece? John ha propuesto la idea de que escuches más y tu mamá también cree que es una buena idea. ¿Quieres probar y aprender a escuchar más a los demás?

—No me gusta interrumpir —explicó James—. No sé por qué lo hago.

Simon decidió tratar de convencer a James de que no era necesario saber la razón de su comportamiento. Lo que importaba era tratar de aprender a comportarse de manera diferente.

—¿Sabes qué, James? No creo que necesitemos saber el porqué. ¿Qué tal si de momento nos olvidamos de intentar averiguar por qué lo haces y empiezas a aprender a escuchar más?

James pilló la idea y asintió con la cabeza. El siguiente paso era darle un nombre a la habilidad.

—Te diré algo —comenzó a explicar Simon—, si tenemos que seguir llamándola «aprendiendo la nueva habilidad de escuchar más a la gente» será bastante aburrido, así que, ¿qué tal si le ponemos a esta nueva habilidad un nombre chulo? ¿Tú qué crees, James? ¿Qué se te ocurre?

Durante un rato, James pensó en voz alta en las diferentes opciones. Su madre y sus hermanos también realizaron varias sugerencias. Al final James, orgulloso, decidió llamar a su habilidad «la habilidad Porsche». No es necesario decir que se trataba de su coche favorito y que, por lo tanto, era la cosa más chula en la que podía pensar.
Simon decidió mostrarle a James la idea del *ayudante imaginario*.

—Además de darle un nombre chulo a la nueva habilidad, también tienes que elegir algo que te ayude a aprender «la habilidad Porsche». Puede ser cualquier cosa: un superhéroe, un animal, como un gato o un perro, o incluso un ser imaginario como un dragón. Elige el ser que prefieras para que te ayude de la manera que desees.

A James le costaba hacerse una idea de lo que su *ayudante imaginario* podía representar para él. Karen intentó mostrarle varias sugerencias, pero Simón no quería que James se sirviera de una idea que no fuera suya.

—Puede resultar muy difícil dar con un ser imaginario adecuado —le explicó Simon a James—. Hay tantas cosas entre las que elegir, que es complicado escoger. No tienes que atenerte solo a una si no quieres, pero solo hay una manera de llegar a hacer la elección. ¿Quieres intentarlo?

James asintió con la cabeza.

—De acuerdo, pues cierra los ojos —le sugirió Simon—, e imagina que te encuentras en un gran agujero lleno de barro. Has permanecido estancado durante años y parece que no puedes salir; cuanto más lo intentas, más estancado pareces estar. Te sientes a punto de darte por vencido y de quedarte en ese agujero para siempre cuando, a lo lejos, ves algo que se dirige hacia ti… ¿Puedes verlo, James? Se hace más y más grande y lo único que sabes es que se trata del *ayudante imaginario,* que viene a sacarte del barro. Analiza en tu cabeza al *ayudante imaginario.* ¿Qué aspecto tiene? ¿Es grande o pequeño? ¿De qué color es? ¿Es un animal? ¿Tiene piernas? Y si las tiene, ¿cuántas son? Bien, James, ahora voy a pedirte que abras los ojos; en cuanto lo hagas, debes decirnos lo que hayas visto. Prepárate. ¡Uno, dos, tres! ¡Abre los ojos y dinos qué te has imaginado!

—¡Un toro! —dijo James entonces.

—¡Un toro! ¡Guau!, ¡qué *ayudante imaginario* tan fantástico! ¿Por qué se te ha ocurrido eso?

—No lo sé. Creo que porque los toros son fuertes.

—Me parece una idea fabulosa elegir un toro como *ayudante imaginario*. Dinos a qué se parece.

—¿Puedo dibujarlo? —preguntó James.

Simon le dio un trozo de papel y James hizo un dibujo del toro.

—Si quieres, puedes darle un nombre al toro —dijo Simon cuando James terminó—, y así llamar a tu *ayudante imaginario* como desees.

James se lo pensó un rato y luego decidió llamarlo «el toro Karen y Martin», por su mamá y su papá. A Simon le pareció que era muy importante para James incluir a sus padres en su proyecto de esta manera.

Con el propósito de que James participara en una discusión sobre los beneficios de aprender «la habilidad Porsche», Simon decidió utilizar el concepto de una máquina del tiempo.

—James, creo que has tenido una muy buena idea con «la habilidad Porsche», y que lo del toro también lo es. Hay una cosa más acerca de la cual me gustaría que cavilaras. Puede que suene un poco tonto al principio; se trata de una… —Simon bajó la voz—, se trata de ¡la máquina del tiempo! ¿Sabes lo que es una máquina del tiempo?

—¿Es como los Tardis? —preguntó James, en referencia a una famosa serie británica de televisión para niños llamada *Doctor Who*—. En la serie, la Tardis es una máquina del tiempo camuflada como una cabina de policía de los años 50 que permite al doctor viajar en el tiempo.

—Sí, algo parecido a los Tardis —dijo Simon, pero esta es tu máquina del tiempo. Te puede llevar a cualquier lugar que desees. En el primer viaje, vayamos seis semanas hacia delante, al futuro. Has practicado durante seis semanas «la habilidad Porsche» y has conseguido aprenderla muy bien, tanto en casa como en el colegio. No has hecho más interrupciones, solo has escuchado a las personas con atención cuando han hablado. Imagina que sales de tu propia máquina del tiempo dentro de seis semanas, ¿qué habría cambiado?

—¿No interrumpiría? —se aseguró James.

—Exacto. Y si no interrumpes, ¿qué más dejarías de hacer?

—No hablaría tanto cuando los profesores y otras personas lo estén haciendo.

—Así que no hablarías; pero si estuvieras practicando «la habilidad Porsche», ¿qué estarías haciendo?

—Escucharlos en clase.

—Y si los escuchas más y no los interrumpes, ¿qué van a pensar de ti tus profesores?

—No me buscarán un lío ni me pedirán que me calle.

—De manera que serán un poco más agradables contigo en clase. ¿Qué más?

—No me echarán del aula ni me enviarán a hablar con el director, y los otros chicos no se enfadarán conmigo y todo eso.

—Me hago una buena idea de tu futuro en el colegio con «la habilidad Porsche», porque la escuela va a ser un lugar mucho más agradable para ti. Y un lugar mucho más agradable para ti, ¿cómo sería en realidad?

—Me gustaría más y tendría más amigos.

—Y tú, Karen, en este colegio del futuro y con «la habilidad Porsche», ¿qué cosas crees que le sucederán a James?

—Que tendrá mejores calificaciones y sus profesores no estarán tan molestos con él. Ellos ahora lo aprecian, pero en el futuro será aún mejor.

Antes de que la reunión terminara, Simón quería plantear la idea de la celebración.

—James, me gusta mucho todo lo que se te ha ocurrido hoy. Tu «habilidad Porsche» es brillante, y la imagen que has dibujado del toro es fantástica. Sé que vas a aprender a escuchar más a la gente. De hecho, hoy me has escuchado durante un buen rato y no me has interrumpido ni una vez. ¿Cómo te las has arreglado para lograrlo todo ese tiempo?

—No lo sé. Solo quiero aprenderla. Eso es todo —dijo James.

—Es porque cuando quiere puede hacerlo —resolvió Karen.

—¡Eh, James!, ¿qué te parece si cuando hayamos terminado de trabajar juntos y hayas aprendido «la habilidad Porsche», hacemos algo que te apetezca para celebrarlo?

Simon pasó un rato acordando con James y Karen lo que se podían hacer en ese sentido. James tenía varias ideas, desde un día de pícnic con la familia hasta ir a nadar. Al final, a Karen se le ocurrió una buena idea.

—Hay algo que James siempre ha querido hacer pero nunca ha podido, ¿o no, James? —le preguntó su madre.

James asintió con la cabeza de inmediato y en su lugar, Karen se lo comentó a Simon. Ella reveló que su hijo siempre había deseado montar a caballo, pero nunca lo había hecho. Simon dijo que conocía a alguien que era dueño de un establo y se ofreció a organizarlo. James quería que su padre y su madre fueran a ver cómo montaba. Su madre prometió ir con él, pero dijo que el padre tendría que quedarse en casa al cuidado de los demás niños. Simón se ofreció a hacer un vídeo del paseo a caballo y a grabarlo en un DVD para enseñárselo a Martin y así tenerlo para siempre.

James se mostró muy contento y aceptó la sugerencia de Simon.

A Karen se le ocurrió otra idea:

—Como tu padre no puede venir, ¿qué tal si después de montar a caballo nos vamos a comer todos juntos? —sugirió.
—¿Podemos ir a McDonald's? —preguntó James muy entusiasmado.
—Claro —dijo Karen—, aunque yo pensaba más en una comida sentados en alguna parte. Podemos ir en familia cuando hayas demostrado que eres capaz de aprender la habilidad.

Simón estaba a punto de terminar la sesión.

—Antes de irme —dijo— quiero que sepáis lo impresionado que estoy con la forma en que habéis trabajado todos juntos. Aquí estoy: un extraño que viene a vuestra casa con la pretensión de que habléis sobre lo que sucede. Debe haber resultado duro el día de hoy debido a la despedida de Martin, pero lo habéis hecho muy bien. Lo que me ha impresionado de verdad es la forma en la que tú, Karen, has ayudado a James a organizar su plan y a averiguar cómo puede trabajar con su «habilidad Porsche». Espero trabajar contigo pronto, James. Tu «habilidad Porsche» suena muy emocionante y creo que tienes una buena idea acerca del modo de conseguirlo. ¿Vamos a volver a reunirnos para ver cómo podemos lograrlo?

James aceptó, programaron el siguiente encuentro y Simon saludó a cada miembro de la familia, incluida la madre, «chocando los cinco». La sesión finalizó con el acuerdo de que Simon se pondría en contacto con el colegio para reunirse con los profesores de

James, con el fin de darles a conocer lo relacionado con su «habilidad Porsche» y pedirles que apoyasen a James en su objetivo de aprenderla.

Después de este encuentro inicial, Simón se reunió con James en varias ocasiones durante las cuales ambos jugaban y donde James mejoró «la habilidad Porsche». También se celebró la reunión organizada en la escuela para informar a su profesor, al ayudante de clase y al director del colegio acerca del proyecto de James, y seleccionarlos además para que se convirtieran en sus ayudantes.

En una reunión de seguimiento en el colegio varias semanas más tarde, el profesor de James y el ayudante de clase lo elogiaron y describieron los profundos cambios que habían acusado en su comportamiento. Informaron de que se mostraba atento en el aula, de que se comportaba bien con los otros niños, y de que era un placer darle clase. Debido a la sensible mejora experimentada, le habían asignado la tarea particular de limpiar la pizarra. Además, había asumido la responsabilidad de servir como ayudante informal de una chica de su clase que tenía problemas de aprendizaje. James estaba entusiasmado cuando le contó a Simon que la semana anterior no había recibido ningún *ticket* Azul por mal comportamiento. En su lugar, en cambio, había recibido el Premio Plata, que se le concedió por ganar treinta *tickets* Verdes por buena conducta.

El padre de James había continuado bebiendo durante todo este tiempo y causando estragos en casa. Sin embargo, elogiaba a James, de quien decía que era como «haber doblado una esquina» y haber cambiado mucho. Su forma de premiar a James consistió en inscribirlo en un club local de críquet, donde James resultó seleccionado por primera vez para representar a su colegio en un partido de críquet de todo el distrito.

Aprendiendo a ser a puntual
(niño de 8 años)

Esta historia, relatada por la terapeuta del lenguaje Raija Väisänen, de Oulu (Finlandia), constituye un ejemplo de la aplicación de Habilidades para niños *mediante el único uso de los pasos seleccionados. La cuestión más importante para el niño de la historia, tal como fue definida por su profesor, fue identificada y transformada en una habilidad a aprender. La habilidad se le propuso al muchacho y él la aceptó. No utilizó ningún nombre con el que llamarla, no tenía ningún ayudante imaginario, ni tampoco una celebración planeada, pero todo el mundo en la escuela, incluidos otros niños, participaron de manera activa a la hora de ayudarlo a aprender su habilidad.*

Raija fue invitada a participar en una reunión que tuvo lugar en uno de los colegios de su zona. La reunión concernía a un niño de ocho años llamado Olli, el cual había sido diagnosticado de TDAH. El propósito de que Raija acudiera era que explicara en qué consistía el TDAH, cómo se manifiesta y la forma en que el colegio podría apoyar mejor a los niños que lo padecen. Durante la reunión, Raija comprobó que los profesores de Olli se quejaban mucho de él: no podía concentrarse en el trabajo escolar; no tomaba apuntes de las tareas para casa; no hacía los deberes; temía una conducta disruptiva en el aula... La lista seguía y seguía.

Con el fin de obtener una imagen más clara de la situación, Raija preguntó a los profesores qué era lo que más les perturbaba de Olli. La respuesta fue que Olli nunca entraba después del recreo con los otros niños. Debido a ello, siempre llegaba tarde y, cuando por fin entraba, se comportaba a menudo de manera inapropiada; por ejemplo, se sentaba en la papelera y amontonaba papeles sobre su cabeza, u otro tipo de payasadas para llamar la atención de sus compañeros.

Tras el acuerdo sobre la cuestión principal, el siguiente paso consistía en averiguar de qué habilidad se trataría. La respuesta era simple: Olli tenía que aprender a entrar después del recreo junto con los otros niños. Una vez que la habilidad fue identificada, se produjo un cambio palpable en el tono en que se hablaba de Olli. Los profesores, que se sentían frustrados, comenzaron a animarse y empezaron a aportar ideas creativas respecto de cómo ayudar a Olli a adquirir una de las muchas habilidades que necesitaba con el fin de adaptarse al colegio. Después de la reunión, a Olli le habían dicho que los adultos querían que aprendiese la habilidad de volver rápido a la clase con los demás niños, y él aceptó aprenderla.

Con tales premisas, se elaboró un plan en el que uno de los asistentes de la escuela se le acercaría cinco minutos antes de que sonara la campana, para indicarle que el recreo estaba a punto de terminar, y le diría algo como: «Pronto sonará el timbre y será el momento de entrar». El plan fue puesto en práctica. Los asistentes tenían la costumbre de recordárselo dos veces: primero, unos cinco minutos antes de que sonara el timbre y, después, una vez más, justo antes de que sonara, momento en que le decían: «La campana sonará en breve».

Todos los adultos que trabajaban en el colegio se implicaron para ayudar a Olli; los profesores, el personal de cocina, los asistentes —casi todo el mundo le daba una respuesta inmediata y positiva cuando lo veían llegar del recreo con los demás, del tipo: «Oye, has entrado en el momento justo»—. En el patio, los asistentes lo animaban de inmediato cuando lo veían dentro, ya después de que el timbre hubiera sonado: «¡Qué bien! Te has dirigido hacia la puerta en cuanto has oído la campana, tal y como debes hacer».

Además de los adultos, los niños se dieron cuenta del hecho de que Olli aprendía poco a poco, y también colaboraron en el proceso.

A Olli se le recordaba su habilidad con tanta frecuencia, y por parte de tantas personas, que no había necesidad de desarrollar ninguna estrategia para hacer frente a las recaídas. Tampoco fue necesaria una celebración porque la respuesta que recibía de los demás era positiva y resultaba más que suficiente para ayudarlo en su aprendizaje de la habilidad de forma rápida, convirtiéndola así en un hábito permanente.

Se acabó el miedo a las caretas
(niña de 9 años)

La siguiente historia se basa en un caso de Susanna Tulonen, de Finlandia, una enfermera especializada en psiquiatría que utilizó Habilidades para niños *para ayudar a su hija Pinja a superar su peculiar miedo a las caretas y pelucas. La historia ilustra, entre otras cosas, la importancia del paso relativo al fomento de la confianza del niño, justo antes de comenzar a aprender la nueva habilidad. Susanna invierte bastante tiempo ayudando a su hija a ser consciente de los muchos miedos que ya ha superado. Después de todo, una chica que ha podido ya con tantos temores persistentes, es probable que supere otros cuantos más.*

A Pinja le daban miedo las caretas y las pelucas desde que estaba en la guardería. Un momento difícil en particular para ella fue el Día del Trabajo, el 1 de mayo, pues mucha gente en la calle se disfrazó y llevaba máscaras. Semanas antes de este día, a Pinja le había entrado pánico después de ver a un niño en la escuela con una careta de goma con la imagen de una anciana. Empezó a gritar, y solo quería huir de él y esconderse en un aula cerrada. Los profesores trataron de calmarla, al mostrarle que lo que había tras la careta no era más que un niño, pero no sirvió de nada. La mera visión de la máscara en sí misma fue suficiente como para desencadenar una situación de pánico, provocar el llanto de Pinja y hacer que temblara de miedo. Su profesor se puso en contacto con su madre, y le sugirió que tal vez fuera preciso que la niña siguiera algún tipo de terapia o de tratamiento psiquiátrico, ya que sus reacciones le habían parecido desproporcionadas.

Una nueva celebración del Día del Trabajo se acercaba y la ansiedad de Pinja iba en aumento. Por ello le dijo a su madre que no iba a ir al colegio ese día. Quedarse en casa una sola jornada no habría supuesto ningún problema; sin embargo, las cosas se complicaron por el hecho de que el mismo día se había convocado un «concurso de talentos» y Pinja quería participar, ya que era una excelente cantante y se le presentaba una buena oportunidad para ganar un premio. Se puso triste al pensar que no tenía sentido participar en las semifinales, ya que no podría acudir a la final aunque fuera seleccionada.

En casa se despertaba a causa de terribles pesadillas en las que había caretas por todas partes, en el colegio o en la ciudad, donde vivía en constante miedo.

La madre de Pinja había obtenido información de *Habilidades para niños* en el programa de formación en psicoterapia que recibía y decidió presentarle la idea. Pinja mostró un gran interés en el método y quiso empezar de inmediato.

Los beneficios de superar el miedo a las caretas eran evidentes para ella: sus padres no recibirían llamadas telefónicas del colegio que los dejaran preocupados, sería capaz de participar en «el concurso ídolos» y podría ir por la calle de nuevo con normalidad.

Así pues, Susanna le pidió a Pinja que buscara un nombre adecuado para su miedo, porque la sola mención de la palabra «careta» era suficiente para provocarle ansiedad y náuseas.

—¿Qué nombre le podríamos poner a tu miedo, de manera que consigamos evitar esa palabra que te gusta tan poco? —le preguntó su madre.

Pinja pensó durante unos instantes y luego dijo:

—«El miedo fino».
—¿Y por qué ese nombre? —preguntó la madre.
—Pues porque se puede cambiar de manera sencilla.
—Ah, ¿y a qué se debe que quieras cambiarlo?
—«El miedo fino» es como la arena fina que se cuela entre los dedos y, además, creo que también se puede transformar con facilidad en valentía —explicó Pinja.

—¡Guau! ¿Y se te ha ocurrido eso a ti solita? Veo que has descubierto todo por ti misma y has llegado a la conclusión de que necesitas encontrar un valor que se pueda aprender para superar tu miedo. Eres inteligente. Estoy impresionada. Así que, dime entonces, ¿cómo te gustaría llamar a ese valor?

—«Valentía sorprendente» —respondió Pinja.

—Bueno, y ¿cómo has pensado en un nombre así? —le preguntó la madre.

—Porque sería toda una sorpresa no volver a tener ese miedo.

—Por cierto, recuerda que has tenido antes miedo a algunas cosas que ahora ya no te asustan —le indicó Susanna.

—Sí, a las abejas. Pero ahora ya no.

—Eso es. ¿Sabes cómo conseguiste superar el miedo a las abejas?

—No sé —dijo Pinja mientras se encogía de hombros—. Simplemente, ya no me dan miedo.

—Es cierto. ¿Hay más cosas que te hayan dado miedo antes pero que también hayas superado?

—Sí, todos los bichos asquerosos, como las hormigas, insectos voladores, escarabajos y gusanos.

—Te has sobrepuesto a muchos temores en ocasiones anteriores. ¿Cómo lo lograste?

—¡No tengo ni idea! —respondió Pinja, volviendo a encogerse de hombros.

—No obstante, ser capaz de vencer tantos miedos requiere de mucha persistencia y valor, por lo que debes de haber utilizado algunos trucos.

—Comencé con el estudio de las hormigas. Cuando conseguí el kit para investigar la naturaleza, empecé a coger hormigas con pinzas, a ponerlas en una jarra y luego, simplemente, dejaron de darme miedo.

—¿Y qué pasó con los otros insectos? ¿Cómo superaste ese pavor?

—Fue cuando compramos la piscina. En la piscina me divertía tanto que no le prestaba nada de atención a los bichos que volaban alrededor. Incluso he recogido algunos muertos del agua con una bolsa y rescaté otros que seguían vivos. Ha sido divertido intentar salvarlos.

—¡Eres genial! ¿Recuerdas algo más que te diera miedo en el pasado, pero también hayas superado?

—Sí, hay una cosa más. Ya no le tengo miedo a los fantasmas.

—Es verdad. Antes te horrorizaban. Sentías un temor espantoso, ¿verdad? ¿Cómo lo venciste?

—Cuando me hacía mayor, entendí que los fantasmas ni siquiera existen. Era una de esas cosas que te asustan de pequeña. Incluso a veces miraba debajo de la cama para ver si había alguien allí, pero nunca había nadie, por lo que ahora creo que no son reales.

A continuación, Susanna le explicó a Pinja que necesitaba ayudantes que la apoyaran a la hora de adquirir la habilidad de la «valentía sorprendente». Así, le contó que los ayudantes eran personas que estaban dispuestas a colaborar en su proceso de aprendizaje de la habilidad para hacérselo más fácil y que la elogiarían por su progreso. Pinja decidió que, además de a su madre, también se lo pediría a su padre, a su hermana pequeña, a su abuelo y a dos compañeros del colegio.

—Ir del «miedo fino» a la «valentía sorprendente» es toda una hazaña. Cuando lo hayas conseguido, ¿te gustaría que te premiáramos con una fiesta o preferirías otro tipo de regalo? —le preguntó su madre.

—¡Fiesta! Sí, ¡una fiesta! —exclamó la niña entusiasmada—, ¿y podría invitar a Suzy, a Maggy, a Betty…? —la lista seguía y seguía.

—Claro que sí. Y ¿qué vamos a servirles a los invitados?

—Patatas fritas, refrescos de cola, pasteles, helados, dulces y una sorpresa.

—¡Guau! Seguro que será una gran fiesta —confirmó la madre—. Entonces, ¿tienes alguna idea de cómo practicarás la «valentía sorprendente»? Ya sabes, ¿se tratará de algo parecido a lo que hiciste con las hormigas?

—Tengo que acostumbrarme a las caretas que se usan en la celebración del Día del Trabajo. Y no solo a las graciosas, sino también a las que me resultan espantosas.
—¿Cómo vas a conseguirlo? ¿De qué manera te acostumbrarás a estas últimas?

Pinja pensó durante un momento y luego dijo:

—A lo mejor si veo fotos de personas que se las ponen…
—Es una buena idea. Podríamos conseguir algunas de Internet, imprimirlas y luego colocarlas en un álbum que puedas mirar. ¿Tienes alguna otra idea de cómo poner en práctica la «valentía sorprendente»?
—Cuando me haya acostumbrado a las imágenes del álbum, podría hacerme con una careta, ponérmela y verme en el espejo.
—¡Eh! Eso está muy bien. ¿Cómo te gustaría que te recordemos que mires las fotos del álbum? —le preguntó su madre.
—Debes decir: «¡Muy bien, Pinja! ¡Pronto vas a alcanzar tu meta!» —respondió la niña.
—De acuerdo, si quieres que digamos todo eso, así lo haremos.
—Así es.
—Muy bien. Trato hecho. Se lo haremos saber a los demás.

La madre ayudó a Pinja a imprimir las imágenes de las caretas que encontraron en Internet. Muchas de ellas pertenecían a páginas web de las que venden disfraces de Halloween. Pegaron las fotos en hojas de papel que luego graparon juntas, y así crearon un álbum con 50 láminas de fotografías, algunas espantosas de verdad. A Pinja se le ocurrió una idea de cómo se las arreglaría para mirar las terroríficas máscaras. Le dio un nombre tonto a cada careta y cuando pensaba en el nombre, le daban ganas de reírse. De esta forma, en vez de aterradoras, las caretas parecían graciosas. Pinja practicó con muchas ganas, a veces tres veces al día. Su madre y sus ayudantes la animaron de muchas maneras mediante la frase que se le había ocurrido a la niña: «¡Muy bien, Pinja! ¡Pronto vas a alcanzar tu meta».

Apenas había pasado una semana desde la primera conversación, cuando un mensaje que llevaba una imagen adjunta sonó en el teléfono de la madre. Era de Pinja y… ¡aparecía ella en el colegio disfrazada con un traje de esqueleto!

Pinja pudo ir a la escuela el Día del Trabajo. Llevaba su traje de esqueleto y no tuvo miedo de ninguna careta que vio, ni siquiera de las que la aterrorizaban antes. De hecho, durante el concurso se había sentado al lado del niño que llevaba la máscara de bruja y se lo había pasado muy bien. Esa careta no la había asustado en absoluto. De hecho, le había parecido graciosa.

La celebración de Pinja se organizó tan solo dos semanas después del Día del Trabajo. El menú era tal y como lo había deseado Pinja, y también hubo juegos. Además, sus padres la sorprendieron con otro concurso de talentos en el que Pinja ganó el segundo premio. El «miedo fino» había dado paso a la «valentía sorprendente». Pinja estaba orgullosa de que las caretas ya no le dieran miedo y consideró que si alguna vez sentía pavor por algo, sabría qué hacer.

Una habilidad lleva a la otra
(niño de 9 años)

Esta historia fue publicada por Johan Kist, un terapeuta familiar que trabaja en la Unidad de Servicios Intensivos de Psiquiatría Familiar de la provincia de Drente, en Holanda. Una parte importante del trabajo de Johan consiste en ofrecer orientación y pasar consulta a los clientes en sus hogares. Este estudio de caso representa un buen ejemplo de cómo utilizar Habilidades para niños *para ayudar a aquellos que padecen múltiples deficiencias. En tales casos, a menudo es aconsejable dejar la habilidad más difícil para el final y que el niño aprenda antes una o dos habilidades menos difíciles. Así, es posible que desarrolle una confianza en el método y aumente su autoestima. En este caso, el problema más grave del niño, que era ensuciarse los pantalones, se trató solo después de que aprendiera con éxito otras dos habilidades: una propuesta por sus padres y, a continuación, otra propuesta por él mismo.*

Los padres de Jan, de nueve años, recurrieron a la Unidad de Servicios Intensivos de Psiquiatría Familiar con el fin de conseguir ayuda para su hijo. La familia fue asignada a Johan, quien utiliza de modo habitual *Habilidades para niños* cuando trabaja con población infantil. Durante un período de un año visitó a la familia con regularidad, casi siempre una o dos veces por semana.

La familia se enfrentaba a muchas dificultades. Uno de los progenitores tomaba medicación debido a problemas psiquiátricos, mientras que el hermano mayor y una hermana más joven también acusaban problemas de salud.

Cuando Johan visitó por primera vez el hogar, los padres querían concentrarse en los problemas de Jan. Aseguraban que el mayor problema consistía en que se negaba a ir al baño. Jan no solo se hacía caca en los pantalones, sino que además se manchaba con frecuencia la ropa con sus heces, y también los muebles de su habitación. Los padres se quejaban de que nunca sabían lo que pensaba, porque no había expresado sentimiento alguno u opiniones sobre las cosas que sucedían en la familia. También mencionaron que, a pesar de su edad, aún no había aprendido a montar en bicicleta.

Después de escuchar con atención a los padres, Johan les comentó todo lo relacionado con el enfoque de *Habilidades para niños* y les preguntó qué opinaban acerca de aprender habilidades, antes que centrarse en los problemas, como una mejor manera de trabajar con Jan. Los padres aceptaron el método como una alternativa que parecía tener bastantes posibilidades de funcionar con Jan.

—Entonces, ¿dónde creéis que deberíamos empezar? ¿Qué debemos hacer primero? —les preguntó Johan.

Los padres pensaron en la pregunta durante un rato y luego dijeron:

—Creemos que quizá sea más fácil para él aprender a expresarse para que nos diga lo que piensa sobre las cosas. Si tiene éxito en el aprendizaje de esta habilidad, el método funcionará mejor con los demás problemas.

—¿Habéis pensado en la posibilidad —continuó Johan— de que si aprende a comunicaros lo que piensa y siente acerca de diferentes aspectos, también podría decir cosas que no resulten de vuestro agrado?

Los padres afirmaron que eran conscientes de dicha posibilidad, pero que preferían que se expresase antes que protegerle sin que dijera nada. En ese momento, se decidió que cuando Johan visitara a la familia otra vez, invitarían a Jan a participar en la conversación para que Johan le informara sobre el plan.

—He hablado con tus padres —le dijo Johan a Jan cuando volvió a su casa—, y me han dicho que les gustaría que les contases lo que te preocupa; les gustaría que aprendieras a transmitirles tus opiniones sobre las cosas que suceden en casa. Ellos aseguran que a veces te ven triste, y que, por lo general, no les dices lo que te preocupa. Creen que no quieres decirles lo que piensas por miedo a herir sus sentimientos. Creen que quieres protegerlos permaneciendo callado y sin decir nada. Por eso quieren que aprendas a comunicar lo que piensas, ya que preferirían que hablases de ello a verte triste sin saber lo que va mal.

Jan estaba a punto de llorar, pero reconoció que le resultaba difícil hablar de sus pensamientos y de sus sentimientos.

—Entonces, ¿qué piensas Jan? ¿Sería positivo para ti? —le preguntó Johan—. ¿Te gustaría mejorar y poder transmitir a tus padres lo que piensas y cómo te sientes sobre lo que te ocurre?

Jan dijo que sí y acordó con Johan que comenzaría el proyecto de *Habilidades para niños* para mejorar ese aspecto: «Yo soy capaz de expresar mi opinión sobre las cosas».

Johan le preguntó:

—¿Por qué crees que esto te puede ayudar? ¿Qué mejoraría el hecho de darles tu opinión acerca de las cosas?

Jan pensó en la pregunta, pero le resultaba difícil encontrar las palabras adecuadas, así que Johan le dio tiempo. Al final, Jan dijo:

—Ya no voy a tener más dolores de estómago.
—¡Guau, Jan! Ese es un buen ejemplo de lo que podría pasar si hablases con tus padres —respondió Johan—. Muy bien. ¡Ya has comenzado a hacerlo! Estás dando tu opinión. ¿Algo más? ¿Hay otras ventajas derivadas del hecho de que aprendas a decir lo que piensas?

Jan se esforzó, pero no podía pensar en nada más. Johan se volvió hacia el padre y le hizo la misma pregunta:

—¿De qué manera cree que Jan mejoraría?

—Yo podría tener sus sentimientos más en cuenta —dijo el padre.

—¿Y tú? —preguntó Johan a la madre—. ¿Por qué crees que sería positivo para él?

—Creo que sería más feliz. También sería más fácil para nosotros estar cerca de él cuando se sienta preocupado o cuando algo lo moleste —explicó la madre.

—¡Hum! Estoy pensando que «Puedo darte mi opinión sobre las cosas» es un nombre bastante largo para la habilidad que Jan va a aprender. ¿Podría ser algo más corto? ¿Tienes algo en mente, Jan, algún tipo de nombre para tu habilidad? —le preguntó Johan.

—«Serpiente» —respondió Jan con decisión.

—«La habilidad de la serpiente»… De acuerdo, me parece un buen nombre para tu habilidad. ¿Y a quién se le puede pedir ayuda para aprender «la habilidad de la serpiente»? ¿Quiénes podrían ser tus ayudantes?

Jan quería contar con sus padres y con Johan. Además, dijo que su profesor, junto con un buen amigo suyo del colegio que, según Jan, era especialmente bueno a la hora de expresar sus opiniones, podían ser sus ayudantes.

—¡Oye! Tres de las personas que quieren ser tus ayudantes se hallan presentes —dijo Johan—. ¿Nos podrías pedir a todos ya que seamos parte de tu equipo de colaboradores?

Jan pidió a sus padres y a Johan que fuesen sus ayudantes y todos se mostraron de acuerdo.

—¿Qué pasa con tu profesor y con tu amigo del colegio? ¿Vas a pedírselo de la misma forma que a nosotros? —indagó Johan.

Jan dijo que lo haría con su madre.

—¿Crees que podrás aprender «la habilidad de la serpiente»? —preguntó Johan a sus padres.
—Claro —confirmó el padre—, es un chico listo y va a aprender si usa su inteligencia.

La madre estaba de acuerdo con el padre y, al describir un incidente reciente en el que Jan había expresado su opinión, le dio credibilidad.

—Yo también creo que podrá aprender «la habilidad de la serpiente» —dijo Johan—. En realidad, ya te he visto ponerla en práctica antes, cuando dijiste que no te dolería el estómago si aprendieses a decirle a tus padres cuándo algo te molesta. ¡Ahí ya habías puesto en práctica «la habilidad de la serpiente»!

Antes de que Johan tuviese la oportunidad de preguntarle a Jan cómo querría celebrar el aprendizaje de la habilidad, este, que había estado hojeando el libro de ejercicios de *Habilidades para niños*, sacó él mismo el tema.

—No quiero ninguna fiesta con tartas o golosinas —dijo—; quiero conseguir un kit de montaje de barcos cuando haya aprendido la habilidad.

Los padres accedieron a su deseo. Johan dijo que sería divertido ver el barco, cuando Jan hubiese ajustado todas las piezas.

La conversación derivó luego en la cuestión de a quién se le debía comentar la intención de Jan de aprender «la habilidad de la serpiente». A Jan no le pareció muy atractiva la idea de hacerla pública. Ni siquiera quería que su hermano mayor supiera nada acerca de ella, por temor a que empezara a molestarlo. Sus padres estaban de acuerdo, pero dijeron que no podían garantizar que pudiesen evitar que algo así sucediera. Se decidió que solo las personas que Jan había nombrado como ayudantes lo supieran.

—Así pues, dime, Jan, ¿cómo vas a expresar tus opiniones sobre las cosas? ¿Qué dirías, por ejemplo? —le preguntó Johan.

—¿Cómo voy a saberlo? —dijo Jan con brusquedad—. ¡Si lo supiera no tendría que aprender la habilidad!

—¡Hum! —Johan asintió con la cabeza y luego, buscando al padre de Jan, dijo—: Tenías razón. Es un chico inteligente. Me pregunto lo que podrías hacer para aprender «la habilidad de la serpiente» —continuó—. ¿Cómo crees que podrías practicarla?

—Simplemente, practicándola, supongo —respondió Jan.

—Está bien, y ¿cómo se te podría ayudar a hacer eso? —le preguntó Johan.

—Podría poner un cartel en la pared de mi habitación para acordarme de «la habilidad de la serpiente» —sugirió Jan.

—¡Excelente idea, Jan! —confirmó Johan—. ¿Y cómo podríais ayudarle? —preguntó a sus padres.

A ellos se les ocurrió que podían darle oportunidades para que expresara sus opiniones mediante preguntas a propósito, tales como: ¿qué quieres?, ¿cómo te sientes sobre esto?, o ¿qué opinas sobre aquello? Jan se mostró de acuerdo con la idea de sus padres y de inmediato la pusieron en práctica. Así, le hicieron algunas preguntas, ante las cuales Jan demostró la habilidad al contestarlas y dar su opinión.

Todos acordaron que, al menos una vez al día, los padres le pedirían a Jan su parecer acerca de cuestiones variadas. El papel de Johan consistía en realizar el seguimiento del progreso, a través de preguntas dirigidas tanto a Jan como a sus padres, cada vez que visitara la casa, respecto de cómo iba la práctica.

Jan progresó deprisa y, como efecto secundario del proyecto, los padres se dieron cuenta de que mejoraban a la hora de expresar sus pensamientos y sus sentimientos del uno al otro, lo cual había ayudado a disminuir la tensión en su relación.

—¿Cómo va «la habilidad de la serpiente»? —le preguntó Johan a Jan en una de estas visitas.

—La mayoría de las veces funciona bien, pero en ocasiones todavía me resulta difícil expresar mi opinión porque pienso en cómo me dolerá el estómago después —le reveló Jan.
—Ya lo sé. No siempre es fácil —confirmó Johan—. Y cuando te parece difícil, ¿hay algo que te gustaría que otros te dijeran, que te pudiese ayudar a dar tu opinión?
—Podrían decirme: «Piensa en la serpiente» —se le ocurrió a Jan.

Después de tres semanas de práctica, Jan y sus padres sentían que habían avanzado tanto que había llegado la hora de celebrarlo, y darle el kit con los modelos de barcos. Se organizó un pequeño encuentro en la casa, donde Jan, de manera espontánea, agradeció a sus padres, a su amigo y a Johan el apoyo recibido.

Poco después, y sin ninguna sugerencia previa, Jan se ofreció de improviso para utilizar *Habilidades para niños* con el fin de aprender a montar en bicicleta. Eligió a los ayudantes y se elaboró un plan, y cuando Johan volvió a visitar a Jan, este le mostró, orgulloso, que ya era capaz de montar en bicicleta.

Tras el éxito de Jan en el aprendizaje de esta última habilidad, los padres sacaron el tema de la incontinencia fecal. Su sorpresa fue enorme, pues se encontraron con que, por primera vez en la vida, Jan les había dado el visto bueno para que hablasen de ello con un desconocido. Jan aceptó de buena gana intentar aprender a usar el baño y también sugirió que no se le dejara solo en su habitación durante más de una hora seguida. Reveló que cuando estaba solo en su cuarto más de una hora, a menudo se agobiaba con las ganas de defecar.

Cuando Johan finalizó su compromiso con la familia, Jan había aprendido por fin la habilidad de ir al baño. Iba todos los días, aunque aún necesitaba que su madre se lo recordara con frecuencia. Toda la familia, no solo Jan, estaba muy contenta por los tres resultados conseguidos a través de *Habilidades para niños*.

El desafío de caminar con tranquilidad

(niño de 10 años)

Un logopeda del norte de Finlandia proporcionó este breve relato acerca de un niño de 10 años que había sido diagnosticado de Trastorno Generalizado del Desarrollo no especificado (TGD-NE). Se trata de un síndrome que consiste en una amplia gama de problemas del desarrollo, que incluyen las dificultades de lectura, lenguaje y comportamiento. La historia pone de relieve la importancia de comprobar que los niños puedan ver el efecto de la habilidad puesta práctica.

A Ville le resultaba de lo más difícil salir al recreo en el colegio. En realidad, no podía bajar con calma los tres tramos de escaleras. Siempre corría a gran velocidad y con mucho ruido.

—Si bajar las escaleras como un loco es el desafío de Ville, entonces, ¿cuál es la habilidad que necesita aprender? —preguntó el logopeda a los profesores en una sesión de control en la que se debatía este caso.

No pasó mucho tiempo hasta que los profesores tuvieron una respuesta: Ville tenía que aprender a caminar despacio, en vez de bajar las escaleras a toda velocidad.

Poco después, uno de los profesores habló con Ville y le explicó que debía aprender a ir por las escaleras con calma cuando saliera al recreo. Esto era importante, según se le comunicó a Ville, porque así se podía evitar el riesgo de que él o alguien se hiciera daño.

Con el fin de asegurarse de que Ville había entendido con exactitud lo que se esperaba de él, se hizo una demostración.

—Así pues, Ville, veamos cómo bajas las escaleras caminando —le instó a Ville su ayudante personal.

Se puso en pie en la parte superior de la escalera, mientras su profesor lo miraba desde abajo.

—Primero lo haremos juntos, ¿de acuerdo? —dijo el ayudante al comenzar a bajar poco a poco, cogidos de la mano.

—Ah, ¿querías decir así de despacio? —le dijo Ville al profesor al llegar al final de las escaleras.

—Sí, me refería a hacerlo así de lento; y ahora, ¿estás listo para intentarlo tú solo? —le preguntó el profesor.

Ville se encontraba listo, y... ¡Preparado!, ¡listo!, ¡ya! Con el ayudante en la parte de arriba de las escaleras y con el profesor en la parte de abajo, demostró la habilidad de caminar con tranquilidad por las escaleras, a lo largo de los tres tramos.

El personal del colegio al completo, desde el conserje al director, habían sido seleccionados para ayudar a Ville en el aprendizaje de la habilidad. Todo el mundo lo elogiaba cada vez que lo veían caminar sin prisa por las escaleras.

—¡Guau, Ville! ¡Qué bien lo haces! —le decían.

En un par de semanas, Ville aprendió la habilidad de bajar las escaleras con calma.

Dejar de decir palabrotas
(niño de 10 años)

Plantan es una escuela de refuerzo educativo situada en la ciudad de Hudiksvall, en Suecia. Se trata de un centro pequeño, con seis alumnos de promedio, a veces menos y a veces más. Las edades de los alumnos están comprendidas entre los ocho y los doce años, y la razón por la que se les traslada a Plantan es debido a problemas graves de comportamiento. El tiempo de estancia de los alumnos de Plantan varía de un semestre hasta tres años. Esta es la historia que relató Lotta Andersson-Damberg, una de las profesoras, donde se resalta la importancia de desarrollar, de acuerdo con el niño, un plan factible para afrontar los obstáculos.

Habilidades para niños forma parte de la vida diaria en Plantan. De vez en cuando hay una reunión en la que los alumnos llegan a decidir qué habilidades quieren aprender y cómo van a conseguirlo. Cada uno tiene su cuaderno personal de *Habilidades para niños* y, además, hay un cartel en la pared que muestra los nombres de todos ellos junto con las habilidades que están aprendiendo. Después de algunas semanas de práctica activa de las habilidades y de una evaluación diaria de los progresos, se lleva a cabo una celebración planeada en común en la que se recompensan los avances realizados por los alumnos.

La idea de aprender habilidades específicas es algo natural para los alumnos de Plantan; después de todo, son conscientes del hecho de que están allí porque su comportamiento en la clase era de manera habitual tan difícil que tuvieron que ser trasladados. Los alumnos se apoyan y ayudan los unos a los otros en el aprendizaje de sus habilidades, lo cual resulta obvio y, cuando a veces alguno las olvida, siempre hay alguien ahí para recordárselo.

Linus tenía 10 años. Cuando empezó en Plantan al comienzo del año escolar, se le dio un cuaderno de trabajo del método

Habilidades para niños. Al principio se preguntó de qué se trataba, pero los demás alumnos enseguida le explicaron en qué consistía todo aquello. Así, habló con el profesor acerca de la habilidad que tenía que aprender y aceptó aprender a hablar de forma correcta. Cuando se le preguntó cómo quería llamar a la habilidad, dijo: «Hejmer», que, por extraño que parezca, es su apellido.

Linus habló con sus profesores acerca de los beneficios de aprender a hablar con corrección. Para él, el principal beneficio consistía en evitar que lo riñeran. Los profesores estaban de acuerdo y dijeron que, aparte de beneficiarse de no llevarse regañinas, sería más agradable estar a su lado. Cuando se le preguntó a quién elegiría como ayudante, hizo una lista con los profesores, los otros cuatro alumnos y sus padres. Un ayudante adicional, llamado «Naven», que según su descripción era bajito, delgado y guapo, era su amigo imaginario.

Como parte de la preparación, se le preguntó a Linus cómo le gustaría celebrarlo una vez adquirida la habilidad. Sin ninguna duda, aseguró que quería invitar a sus ayudantes a una fiesta en la escuela, donde se servirían tartas y refrescos de cola, y todos verían una película juntos.

Linus estaba decidido a aprender su habilidad y para él supuso un estímulo adicional el hecho de saber que otros le creían capaz de conseguirlo. Uno de los profesores, por ejemplo, escribió las siguientes palabras en su cuaderno de ejercicios: «Tienes una gran fuerza de voluntad para hacer y decir las cosas correctas, Linus, así que creo que aprenderás enseguida tu habilidad. Eres todo un hombrecito, corriges lo que quieres si crees que es lo correcto y ello te beneficiará».

Cuando se le preguntó lo que quería hacer en caso de que empezara a decir palabrotas de nuevo, Linus dijo: «No me importará, solo continuaré con el aprendizaje».

Así, se dedicó a aprender su habilidad e intentó en la medida de lo posible evitar decir tacos. Cuando dejaba de practicar su habilidad, sus profesores se la recordaban, así como los demás alumnos. Si Linus se encontraba a punto de empezar a insultar, sus compañeros lo ayudaban a volver por el buen camino. Una vez, un compañero de clase, por ejemplo, le dijo: «Has empezado a decir palabrotas de nuevo. ¿Te has olvidado de tu habilidad? ¿No te acuerdas de que practicaste no decir palabrotas antes de Navidad?».

Al principio, se sentía molesto cuando los demás se lo recordaban, pero después de que el tema fuera discutido, empezó a darse cuenta de que si iba a aprender a hablar de manera correcta, otros tendrían que recordárselo de una forma u otra cuando las palabrotas salieran de su boca. Cuando comprendió que todo el que aprende habilidades nuevas falla en los inicios, comenzó a aceptar los consejos de los demás.

Tres semanas después, hubo un consenso general respecto de que Linus había aprendido la habilidad. La fiesta se celebró, tal y como estaba previsto, y Linus agradeció a sus ayudantes el apoyo recibido. Poco después, Linus pasó a aprender la siguiente habilidad, que consistía en «levantar la mano y esperar mi turno para hablar».

Los alumnos de Plantan disfrutaron mucho con *Habilidades para niños*. Para ellos, aprender habilidades es «lo nuestro». Cada alumno tiene una habilidad que aprender y nadie se siente diferente del otro. Y es que en Plantan tienen una máxima: los niños no tienen problemas, solo habilidades que aprender.

Superar el miedo a las arañas
(niña de 10 años)

Este caso ilustra cómo Habilidades para niños *se puede utilizar para ayudar a los pequeños a superar las fobias.* Susanna Tulonen, *una enfermera de psiquiatría y terapeuta centrada en soluciones, de Aura, una ciudad del suroeste de Finlandia, ilustraba el caso y resaltaba que este método no entra en conflicto con otras modalidades para ayudar a los niños, ya que se puede utilizar, por ejemplo, en psicoterapia individual a largo plazo.*

Laura era una niña de diez años que padecía un miedo espantoso a las arañas desde que tenía cuatro años. Todo empezó un día en que vio una araña en su habitación y reaccionó con sentimientos de pánico tan intensos que sus padres tuvieron que llevarla a la sala de urgencias del hospital pediátrico. Se recuperó deprisa del *shock*, pero desarrolló un miedo intenso que aparecía siempre ante la presencia de las arañas.

Su miedo era en particular debilitante durante los meses de verano debido a la abundancia de arañas en el campo, donde vivía la familia. Los padres buscaron ayuda en los servicios de psiquiatría infantil, pero a pesar de las diversas evaluaciones y las numerosas pruebas psicológicas, nada resultó útil. Cuando Laura tenía nueve años, dijeron a sus padres que padecía de alteraciones emocionales y que tenía rasgos de varios trastornos de personalidad diferentes, cada uno, provocado en apariencia por el miedo intenso a las arañas. Debido a esto, Laura acudía a psicoterapia intensiva, cuya duración debía prolongarse al menos tres años.

A pesar de que Laura se encontraba ya en tratamiento, sus padres seguían disgustados con la situación, en especial debido a los problemas que la fobia le causaba a la niña en el colegio. No podía, por ejemplo, participar en clases de ciencias naturales si el tema, de alguna manera, se hallaba relacionado con las arañas. Se le permitía trabajar en la biblioteca escolar durante esas clases. Sus padres también estaban preocupados por la posibilidad de que Laura fuera víctima de acoso por parte de sus compañeros de clase.

Habían oído hablar de *Habilidades para niños* y decidieron probar, a pesar de su escepticismo. Se pusieron en contacto con Susanna, quien prometió visitarlos para hablar con la niña. Cuando Susanna le mostró a Laura el cuaderno de trabajo de *Habilidades para niños* y le habló sobre el método, esta dijo que ella haría cualquier cosa para deshacerse de su «miedo-A». Esta era su manera de referirse a su miedo, sin tener que pronunciar la palabra «araña».

La conversación inicial giró en torno a la cuestión de las consecuencias de sufrir esta ansiedad. Laura dijo que no podía participar en todas las clases del colegio, que temía que sus compañeros se enteraran y comenzaran a intimidarla, y que no podía ir a nadar en verano debido a lo que podría haber en el agua.

—No puedo evitarlo: solo con ver una muerta en el agua ya no puedo meterme —explicó Laura.

La niña no le había revelado a nadie la verdadera razón por la cual evitaba nadar en las piscinas. En lugar de eso se quejaba de que el agua estaba demasiado fría. Mientras lo contaba se encontraba al borde del llanto, y también confesó que a menudo empezaba a llorar por el simple hecho de que alguien le hablara de arañas. Al decir eso, utilizó la palabra «araña».

—No me gusta llorar delante de los amigos —añadió Laura.
—¿Qué pasaría si hubiese beneficios? ¿En qué te ayudaría que dejaras de tener miedo a las arañas? —le preguntó la especialista usando a propósito la palabra «araña».
—Bueno, para empezar, podría participar en todas las clases. Y ya no me darían ganas de llorar cuando alguien hablase de «arañas» —empleó la palabra otra vez—. ¡Y podría ir a nadar! ¡Sí! Ya no

tendría que mirar el fondo de la piscina todo el tiempo para ver si hay alguna. Podría salir a jugar con los amigos y quedarme el tiempo que me apeteciera. Y ya no tendría que inspeccionar mi habitación centímetro a centímetro cada noche para asegurarme de que no hay «arañas» —añadió Laura un tanto avergonzada.

—Bien pensado. ¿Se te ocurren más beneficios?

—Sería divertido jugar con ellas, recogerlas y meterlas en un frasco —dijo Laura, con una voz que sonaba a una mezcla de risa y de repugnancia.

—Eres una niña muy inteligente. Me parece que ya has pensado mucho en ello. Es casi como si hubieras hecho la mitad de las tareas de *Habilidades para niños* con antelación.

Laura solo asintió y quiso saber cuál era la siguiente tarea, como si tuviera prisa por seguir adelante con el trabajo.

No fue fácil para ella dar con un nombre para su miedo. Al final se le ocurrió retomar la idea de llamarlo el «miedo-A», aunque no estaba contenta con su elección.

—¿Te sería tal vez más fácil encontrar un buen nombre para tu miedo si intentases buscar algo gracioso? —le preguntó Susanna.

—¡«Miedo Ara»! —exclamó Laura.

—Ese parece un buen nombre. ¿Cómo has dado con él?

—«Ara» en vez de «A», es un nombre gracioso —dijo Laura mientras aplaudía con entusiasmo—. «Ara» es algo que puedo decir y no suena asqueroso.

—Bien pensado —dijo Susanna.

—Sí, sé que solo hay que librarse del «miedo Ara», y que, si he de deshacerme de él, tendré que ser valiente; esa valentía debe ser «valentía Ara», ¿no? Si tengo la «valentía Ara», entonces ya no tendré miedo.

—Así es —confirmó Susanna—. En realidad, has considerado esto de manera muy detallada. Creo que no me necesitas. Tal vez debería irme a tomar una taza de café y dejarte mientras haces el cuaderno sola —dijo Susanna en broma.

—No puedes irte a cualquier parte —dijo Laura entre risas—. Tienes que sentarte a mi lado por si de repente no se me ocurriera nada. Así que claro que me puedes ayudar.

—¿Te acuerdas de los miedos que has tenido y que ya no tienes? —le preguntó Susanna.

Laura pensó un momento. Entonces dijo de repente:

—¡A la oscuridad! Ya no le tengo miedo a la oscuridad. Solía dormir con la luz encendida, pero luego empecé a dormir con la luz apagada y no tenía miedo, y ya no me dan miedo los insectos tampoco.

—Pero ¿cómo es posible que hayas conseguido superar estos dos grandes miedos? Debes de haber tenido mucha persistencia, empeño, valentía y también algunas soluciones para superarlos.

Laura sonrió y dijo:

—¿Y ahora qué?

Susanna le explicó a Laura que, con el fin de que fuera capaz de vencer el «miedo Ara» y convertirlo en la «valentía Ara», tendría que trabajar duro y persistir. Además, necesitaría contar con ayudantes que estuvieran interesados en colaborar en su proceso de aprendizaje, que pudieran animarla y asegurarse de que practicase su habilidad, y elogiarla cada vez que tuviera éxito.

Laura se lo pensó y luego dijo que quería que su madre, su padre y su hermana mayor fueran sus ayudantes.

Mientras escribía sus nombres en su cuaderno de trabajo, Susanna le preguntó:

—¿Le has contado a alguno de tus amigos algo acerca de tu miedo?

Laura dijo que solo se lo había revelado a dos amigas que ella creía que no la intimidarían. Los nombres de estas dos chicas se añadieron a la lista de su cuaderno.

—¿Alguien más? —insistió Susanna.

—No, no hay otros ni quiero más —afirmó Laura, y preguntó por la siguiente tarea.

—La siguiente tarea consiste en averiguar algunas formas relacionadas con cómo practicar el cambio de tu miedo a valentía —le explicó Susanna—, tal y como has hecho cuando has superado otros miedos.

Esta parecía ser la cuestión con la que Laura temía tener que lidiar.

—No puedo ver fotos de arañas. Simplemente, no puedo. Me repugna la sola idea de hacerlo. Soy incapaz de ver cualquier libro de naturaleza que contenga fotos de arañas —dijo Laura muy seria.

—Es cierto. Eso es lo que no puedes hacer, pero ahora debes pensar en lo que puedes hacer. ¿Crees que se te ocurrirá algo?

Laura pensó en voz alta: «De alguna manera, debo darme cuenta de que ellas me tendrán más miedo a mí que yo a ellas. Después de todo, soy mucho más grande. Solo necesitaría percatarme de ello de uno u otro modo...».

De repente, se le ocurrió una idea:

—¡Ahora lo sé! —exclamó—. Puedo aprender de ellas.

—De acuerdo. Parece interesante, pero ¿cómo conseguirás hacer eso?

—Puedo averiguar cosas de las arañas mientras leo sobre ellas. De todas maneras, me gusta leer y me gusta ver programas acerca de la naturaleza. Así que podría intentar saber tanto de las arañas que dejaran de asustarme.

—¡Parece una gran idea! —exclamó Susanna—. Creo que jamás había conocido a una chica tan inteligente como tú.

Esta vez Laura respondió a las palabras de elogio de Susanna con una amplia sonrisa.

Estaba claro que se sentía orgullosa de la idea que se le había ocurrido.

—Seguro que puedes conocer cosas sobre las arañas a través de la lectura, pero ¿hay otras maneras?
—Tal vez podría encontrar algo en Internet.
—Sí, supongo que sí. Hay un montón de información en la red y estoy segura de que gran parte de ella versará sobre las arañas —dijo Susanna, notando que Laura se sentía incómoda—. ¿Cómo vas a empezar? —preguntó Susanna.
—Va a ser algo complicado porque no puedo ver fotos de ellas y todos los libros están llenos de imágenes. Me gustaría leer acerca de ellas pero no para verlas. Por lo menos, todavía no.
—Todo un enigma. Ha sido inteligente por tu parte que se te haya ocurrido eso. Aunque es bueno que sepas que no estás preparada aún para ver fotos de arañas, ¿qué vas a hacer para poder leer sin ver las fotos?
—¡Hum! Si las imágenes estuvieran escondidas de alguna manera… —pensaba Laura en voz alta.
—Esa es una gran idea —dijo Susanna—. ¿Crees que tus ayudantes podrían colaborar de alguna manera en ello?
—Creo que podrían intentar cubrir las fotos.
—¡Qué lástima que la biblioteca esté cerrada ahora! —exclamó Laura—. Me gustaría empezar a leer ahora mismo.
—Eres una niña valiente y decidida. Vas a intentar vencer tu «miedo Ara» y se nota en todo lo que haces.

Y resultó que, en verdad, había un libro de naturaleza en casa, que tenía una sección sobre las arañas, y que los padres de Laura estaban dispuestos a ayudarla cubriendo todas las fotos que hubiera para que ella fuese capaz de empezar a practicar de inmediato.

—Podemos organizar algo para celebrar una fiesta o para recompensarte de alguna manera cuando hayas vencido el «miedo Ara» —sugirió Susanna.

Laura lo pensó, pero no se entusiasmó con esa idea. Dijo que iba a tener una fiesta de cumpleaños de todos modos durante el verano. Deseaba ser recompensada con una mascota, como un perro o un hámster.

—Eso es algo que tendrás que tratar con tus padres, pero estoy segura de que llegarás a algún tipo de acuerdo con ellos —dijo Susanna.

La especialista le explicó a Laura que a veces puede suceder que un miedo ya vencido regrese, y le preguntó cómo le gustaría que sus ayudantes la apoyaran en caso de que su miedo a las arañas volviera.

—He podido con muchos miedos antes, por lo que será suficiente si me lo recuerdan al decirme: «¡Oye, piensa en lo que ya has superado!».

Cuando Susanna se preparaba ya para irse, Laura tenía el libro de naturaleza con las imágenes de arañas cubiertas con cuidado mediante notas adhesivas. Con la nariz pegada al libro, leía acerca de las arañas en Finlandia.

—Escuchad esto —comenzó a decir cuando Susanna se iba—: el macho ha de tener cuidado de no terminar siendo el almuerzo de la hembra después de aparearse. ¿Acaso no es injusto comerse al otro después de haberse apareado?

A todo el mundo le hizo gracia.
    Antes de marcharse, Susanna intercambió unas palabras con los padres.
    Ellos se mostraban escépticos con respecto al enfoque, pero accedieron a hacer todo lo posible para apoyar a Laura.

—Es una muchacha astuta en grado sumo. No parece imposible que realice progresos enseguida. Mantenedme informada —les pidió Susanna antes de salir por la puerta.

Al día siguiente, esta recibió una llamada telefónica de la madre de Laura, para decirle que Laura les había pedido que le dieran una tarántula a modo de mascota.

Susanna se quedó muda. En su desconcierto, dijo entre risas:

—¡Parece que sus progresos han sido rápidos de verdad!

A los padres la situación no les resultaba graciosa en absoluto. Pensaban que era alarmante que Laura se moviera de esta manera de un extremo a otro, y pasara de una intensa fobia a las arañas a, de repente, querer tener una tarántula como mascota. El padre, en particular, se oponía a la idea de comprarle una araña. Susanna lo pasó mal porque no sabía qué decir.

—Es genial que haya progresado tanto —insistió—, pero puede que haya una gran diferencia entre contemplar arañas en un libro y verlas al natural. Tal vez deberíais ir con ella a una tienda de animales en la que haya tarántulas para comprobar cómo Laura se las entiende con arañas vivas y móviles. Si está tranquila, valdrá con eso; supongo que podréis deducir con seguridad si la niña, en efecto, ha superado su miedo. Pero si no, parece una buena idea comprarle una araña, ¿tendría algún sentido recompensarla con algún otro animal de compañía?

Los padres dijeron que no estaba fuera de lugar.

Una semana más tarde llamaron a Susanna otra vez y le dijeron que se habían llevado a Laura a una tienda de animales, donde se había quedado maravillada con las tarántulas pequeñas y con una de tamaño considerable. El vendedor les explicó las limitaciones de tener una tarántula en casa y Laura llegó a la conclusión de que tal vez no se tratara de la mascota perfecta para ella. Al final, los padres acordaron comprarle un conejo, una vez que acabara el colegio, como recompensa por haber superado su miedo a las arañas.

Los padres expresaron su satisfacción con el resultado de la situación. Lo único que lamentaron fue no haber oído hablar de este método con anterioridad.

Laura continuó con su psicoterapia semanal durante un tiempo, pero el problema serio había sido superado. Empezó a disfrutar jugando en el patio e incluso llegó a decirse que un día cogió una araña con la mano. Toda la familia esperaba que llegara el verano en el que Laura nadara en la piscina y disfrutara del corto pero adorable verano finlandés —sin miedo a las arañas.

El agua puede ser leche
(niño de 10 años)

En el Instituto de Terapia Breve de Helsinki gran parte del entrenamiento se realiza mediante la observación y / o participación en entrevistas con clientes reales, o «huéspedes», del Instituto. Dicha práctica se considera esencial para el aprendizaje de este tipo de terapia. La siguiente historia es el relato de una entrevista con un niño que fue diagnosticado de Síndrome de Asperger (SA). Debido a que sus padres no se encontraban disponibles ese día, lo acompañó su hermana de 22 años, Sarah. Los padres pensaron que ella también podría beneficiarse de la consulta porque había estado entrando y saliendo de la terapia durante los confusos años de la adolescencia. Sarah se mostró de acuerdo, pues además sentía curiosidad por ver cómo se formaban personas tan peculiares como los terapeutas. La historia constituye una ilustración de cómo la secuencia de los pasos de Habilidades para niños *puede ser cambiada de manera creativa, al dejar primero que un niño le enseñe una habilidad a otra persona. El formador / terapeuta en este caso es Tapani Ahola.*

Oliver había sido diagnosticado de SA a los cuatro años. Como parte de su condición, era hipersensible a los gustos y olores, así como a cualquier cosa caliente o fría.

—¿Sabes, Oliver?, hoy estamos aquí para aprender cosas sobre *Habilidades para niños* —comenzó Tapani—. Es un método por el cual es posible ayudar a los niños a superar todo tipo de dificultades.
　—Sí, lo sé —dijo Oliver, que había sido informado muy bien por parte del aprendiz que había invitado a la familia.
　—Si quieres, podemos utilizar *Habilidades para niños* contigo para que todos nosotros podamos aprender, y tal vez tú puedas beneficiarte también. ¿Te gustaría?
　—Sí, por eso he venido —respondió Oliver.

—Está bien. En primer lugar, tendremos que encontrar alguna habilidad que puedas aprender. ¿Hay alguna que te gustaría en particular?

—Tengo esta necesidad de beber bastante leche, mucha más de lo que en realidad debería —confesó Oliver.

Desde la primera infancia, Oliver había tenido esa extraña obsesión: no importaba cuánta sed tuviera; lo único que quería beber era leche. Esta obsesión se había convertido en una molestia para la familia. La razón es que no siempre había leche disponible, sobre todo cuando la familia estaba de viaje en el extranjero.

—¿Por qué deberías aprender a beber cosas diferentes de la leche? ¿Por qué? La leche es buena ¿no es cierto? —preguntó Tapani mientras hacía de abogado del diablo.

—Sería también bueno poder beber agua, sobre todo cuando estamos en el extranjero, en países en los que no siempre hay leche disponible —explicó a su manera encantadora y precoz.

—Muy bien, y ¿cómo debería llamarse esta habilidad de «yo-también-puedo-beber-otras-cosas-aparte-de-la-leche»?

—«Beber agua», supongo —dijo Oliver.

—¿Estás satisfecho con ese nombre o quieres llamar la habilidad de otra manera? —le preguntó Tapani solo para asegurarse.

—«Beber agua». Eso es todo —dijo Oliver.

—Debes haber aprendido muchas habilidades hasta ahora —dijo Tapani—. ¿Puedes decirme cuáles? ¿En qué eres bueno?

—Soy bueno en el adiestramiento de perros y con los ordenadores —respondió Oliver con total naturalidad—. ¿Sabes lo que es PADM? —preguntó.

—PA... ¿qué? Ni siquiera había escuchado el término —dijo Tapani—. ¡Dime!

—Es la Pantalla Azul de la Muerte. Es lo que se obtiene al hacer la programación para Windows y se comete un error que hace que Windows se cuelgue —explicó Oliver, y siguió hablando acerca de las diferentes aplicaciones de Windows que él y su amigo habían programado.

—¡Guau! Parece que en realidad tienes unas cuantas habilidades —dijo Tapani—. ¿Sabes? En realidad, creo que también posees la habilidad de «beber agua». Lo más probable es que solo esté escondida en alguna parte. Me pregunto cómo podemos lograr que salga. ¿Cómo aprendiste a programar en Windows?

—A través de Internet recopilé información de programación punto por punto.

—¿Funcionaría eso para la habilidad de «beber agua»? ¿O para encontrar información sobre el agua en Internet?

—No lo creo. No creo que vaya a encontrar algo útil para la habilidad de «beber agua» buscando en Google tan solo «Agua».

—Debo decir que Oliver es muy bueno a la hora de encontrar información. Ha adquirido muchos conocimientos relacionados con el adiestramiento de perros leyendo libros —intervino Sarah, la hermana de Oliver.

—¿Es así? —preguntó Tapani mientras miraba a Oliver.

Oliver asintió con orgullo.

—Me pregunto cómo adiestrarías o enseñarías a un perro a beber agua cuando se niega a hacerlo.

—Tendrías que empezar por conseguir que bebiera poco a poco.

—Vamos a suponer que bebiera un poco de modo accidental o porque tuviera mucha sed. Entonces, ¿qué harías?

El rostro de Oliver se iluminó:

—¡Tendrías que elogiarlo de inmediato!

—Ah, así que lo elogiarías. ¿Cómo harías eso? ¿Cómo se elogia a un perro?

—Solo debes decirle: «Bien. Muy bien», y le pasas la mano por el lomo al mismo tiempo. También puedes darle un juguete o una golosina. Y cuando el perro beba un poco de agua otra vez, sigues elogiándolo.

—Pareces ser un experto, Oliver. Estoy impresionado. Ahora, veamos cómo sería en la práctica. ¿Podrías mostrarnos cómo bebes un poco de agua para que podamos halagarte?

—¿Por qué no? Pero el agua tiene que estar fría.

—Está bien, te daremos un poco de agua fría para que veamos cómo funciona este entrenamiento.

Así, le dieron un vaso de agua a Oliver y otro a su hermana Sarah. Ellos brindaron y Oliver empezó a dar sorbos, por lo que recibió muchos elogios y ánimos. Cuando vació el vaso, sonrió de manera amplia y dijo:

—¡Ah! ¡Estaba muy buena!

Sarah le dio unas palmaditas a su hermano en el hombro.

—Eres bueno en esto. Ahora vamos a hacerlo un poco más difícil. Imaginemos que tengo de nuevo el mismo problema, así que necesito aprender a beber agua. ¿Me enseñarías? —preguntó Tapani.

—Claro que te puedo enseñar —dijo Oliver, y fue a buscar un vaso lleno de agua y un plato de uvas.

—En realidad, no quiero beber agua —dijo Tapani, al fingir que sentía aversión por el líquido—. Es asquerosa y sabe a basura.

—Te vendría bien poder beber agua —comenzó a explicar Oliver seriamente—. ¿Qué pasa si estás en el extranjero y de repente tienes sed y solo hay agua? Toma el vaso, piensa que contiene algo que te gusta y, simplemente, bébetelo. Recuerda que debes imaginar que estás bebiendo algo que te gusta. Puedes cerrar los ojos si quieres. Después de haberte terminado el vaso, puedes premiarte con estas uvas.

Tapani tomó un pequeño sorbo de agua y puso una cara extraña.

—Tan solo cierra los ojos, eso te ayudará —lo animó Oliver—. Mira, ya lo tienes.

Tapani bebió mientras los participantes del taller lo halagaban y aplaudían. Cuando terminó con el contenido del vaso, Oliver le entregó las uvas con una especial expresión de apoyo reflejada en su cara.

—Eres muy bueno. Ha funcionado —dijo Tapani—, pero el agua que bebisteis estaba fría. ¿A que no te la podrías beber si estuviera tibia?

—Es posible. Solo tengo que cerrar los ojos para conseguirlo —explicó Oliver.

—Vamos a darte un poco de agua tibia y nos muestras cómo hacerlo, ¿vale?

Uno de los aprendices le pasó un vaso de agua tibia a Oliver. Este lo agarró y comenzó a mirarlo fijamente. Parecía estar pensando.

—Yo ni siquiera necesito cerrar los ojos —dijo después de un momento, y luego se bebió el agua casi de una vez.

Cuando terminó, miró a Tapani, se limpió la boca con la mano, sonrió de forma victoriosa, y dijo:

—¡Ah, la leche!

El grupo se echó a reír de manera afectuosa.

—¿Y qué pasará cuando te vayas de aquí y, en algún momento, te encuentras en una situación en la que necesites beber agua? ¿Cómo nos aseguramos de que tu habilidad no se va a ocultar otra vez?

—Será suficiente con que alguien me recuerde *Habilidades para niños* y esta visita. ¡Hay muy pocos testigos aquí!

—Entonces tenemos un trato. ¿Aceptarías que se te pueda recordar tu habilidad al decir *Habilidades para niños*? ¿Funcionaría eso contigo?

—Sí, *Habilidades para niños*. Es perfecto —dijo Oliver con decisión.

—Oliver, ¿sabes lo que significa «choca esos cinco»? —le preguntó Tapani.

Oliver sonrió y chocó su mano con la de Tapani como una indicación de que la conversación había llegado a su fin.

Dos semanas más tarde, el aprendiz que había invitado a Oliver a la reunión contó que, cuando Oliver regresó a casa tras el encuentro, se mostró entusiasmado al enseñar su nueva habilidad a su familia y probar que aquella no había desaparecido ni se había escondido, por lo que recibió el aplauso de sus padres y hermanos.

Desde entonces, Oliver ha bebido agua en las comidas todos los días e incluso ha demostrado su habilidad cuando la familia tuvo que comer fuera. Todavía no le gusta el agua tibia, pero se las arregla para bebérsela si es necesario. Los padres de Oliver se quedaron impresionados con los resultados, y desde entonces han utilizado *Habilidades para niños* para lidiar con algunos de los otros retos que Oliver se ha planteado.

Un juego familiar para empezar a comer de nuevo
(chica de 11 años)

Caroline Beumer enseña Habilidades para niños *en los Países Bajos a través de su empresa The Brand New Way. La siguiente historia desafía la creencia común de que los métodos creativos y lúdicos, tales como* Habilidades para niños, *solo resultan adecuados para problemas de poca importancia, mientras que los problemas más graves requieren otras formas de tratamiento. También sirve como un ejemplo de cómo* Habilidades para niños *puede implicar a todos los miembros de la familia, incluidos los padres, para que asuman la responsabilidad de aprender una habilidad. Un detalle interesante a tener en cuenta es que el trastorno de alimentación de la niña desapareció, a pesar de que la única habilidad que decidió aprender no parecía muy relacionada con su caso. Ello se debió en gran medida a un cambio en la forma en que la familia respondía ante la niña.*

Un día una pareja acudió a hablar con Caroline sobre los problemas de su hija de once años, Sandra. Habían oído algo acerca de *Habilidades para niños* y sabían que Caroline tenía experiencia en la utilización del método. Los padres, que debían tener treinta y pocos años, eran trabajadores en una empresa familiar. Tuvieron tres hijas de las cuales Sandra era la mayor. Estaban muy preocupados por ella.

El problema era que Sandra se negaba a comer los alimentos comunes y normales. Lo único que comía cada día era un par de barritas de chocolate y manzanas. Llevaba así más de un año y, como consecuencia, Sandra había adelgazado de forma exagerada y su desnutrido aspecto resultaba alarmante. Sus padres la habían llevado a ver a unos cuantos médicos, pero no había servido de nada. La situación se había deteriorado, las comidas en familia se habían convertido en batallas, y Sandra había empezado a faltar a clase por mera debilidad. Apenas dos semanas antes, Sandra había sido examinada por un psiquiatra infantil que había recomendado su hospitalización, junto con una referencia por escrito a la unidad infantil de un hospital psiquiátrico.

La madre lloraba cuando hablaba de Sandra. Se culpaba y decía que de adolescente ella también padeció un trastorno de alimentación.

Caroline comprendía la difícil situación en la que se hallaban los padres. Les dijo que entendía muy bien cuánta angustia les causaba su hija y que estaba impresionada por el hecho de que no hubieran dejado de buscar opciones para ayudarla.

Cuando Caroline empezó a explicarles el enfoque de *Habilidades para niños*, se sorprendió al encontrarse con que los padres se habían preparado para la reunión con la lectura previa del libro de este método. No estaban convencidos de que pudiera funcionar con Sandra, pero estaban dispuestos a intentar cualquier cosa para ayudarla.

Caroline informó a los padres de que no tenía experiencia previa en la utilización de *Habilidades para niños* en una situación tan grave —al fin y al cabo, los problemas de alimentación de Sandra acarreaban un serio peligro para su vida.

—Sin embargo, podemos intentar hacer algo —dijo ella—, al menos mientras esperamos a que la admitan en el hospital.

Caroline les explicó que el primer paso en *Habilidades para niños* consistía en descubrir qué habilidad necesitaba aprender Sandra. No obstante, tras muchas sugerencias nada parecía encajar del todo. ¿Qué se supone que tenía que aprender una niña que sobrevivía a base de barritas de chocolate y manzanas? Al final, a Caroline se le ocurrió una idea.

—¿Y si nos saltamos el asunto de la comida y trabajamos otra cosa en su lugar? —propuso.

Aunque los padres se quedaron perplejos, ella continuó con su planteamiento.

—¿Y si todos los miembros de vuestra familia acordáis aprender una habilidad? ¿Y qué tal si lo convertís en una especie de juego familiar? Es probable que todos tengáis algún mal hábito que podríais intentar superar, incluso asuntos menores, y así podríamos ver lo que sucede dentro de una semana.

Los padres aceptaron la sugerencia de Caroline y elaboraron un plan con ella acerca de cómo abordar la cuestión.

Al día siguiente, a la hora de cenar, explicaron a las niñas el nuevo «juego» al que se las invitaba a participar. Utilizaron el cartel de *Habilidades para niños* para diseñar las reglas. Las chicas se entusiasmaron con la idea de inmediato y mostraron un especial interés a la hora de sugerir qué habilidades debían aprender la madre y el padre.

—Casi siempre os dormís cuando nos leéis un cuento antes de dormir —le reprocharon a su padre—. ¡Detestamos eso, y queremos que aprendas a mantenerte despierto! Y tú, mamá, debes aprender a apagar tu teléfono móvil cuando llegues a casa, porque siempre terminas trabajando con tu portátil y hablando con tus clientes por teléfono durante toda la tarde. Si apagas tu móvil y no trabajas hasta tan tarde, tendrás más tiempo para nosotras —le dijeron a su madre.

Las niñas disfrutaban mientras hablaban sobre los malos hábitos que sus padres deberían superar. La siguiente tarea para ellas consistía en pensar en sus propios malos hábitos y en averiguar, asimismo, las habilidades relevantes en las que ocuparse. La hija menor, que tenía tres años, decidió intentar desprenderse de su cómoda manta, grasienta y manchada, o, por lo menos, dejar que la lavasen de vez en cuando. La hija mediana, que tenía ocho años, dijo que quería aprender a cumplir con su horario de sueño. Explicó que esto la ayudaría a sentirse más descansada al día siguiente y a evitar discusiones desagradables con sus padres. Sandra, por su parte, decidió dejarse crecer las uñas. Tenía la mala costumbre de mordérselas de tal modo que sus dedos sangraban de vez en cuando. Al darse cuenta de que dejar crecer diez uñas a la vez podía resultar demasiado difícil para ella, Sandra preguntó si estaría bien comenzar por dos. Sugirió que, cada vez que consiguiera dejar crecer dos uñas, se las pintaría con esmalte de colores y brillo.

Cuando llegó el momento de hablar acerca de cómo celebrar el aprendizaje de las habilidades, decidieron organizar algo diferente para cada miembro de la familia. El padre deseaba que se le permitiera dormir todo lo que quisiera en el fin de semana, después de haber conseguido leerles el cuento infantil, antes de irse a la cama, durante siete días seguidos y sin quedarse dormido; la madre lo celebraría con una tarta de chocolate grande si era capaz de no usar el teléfono móvil por las tardes en casa durante una semana entera; las dos hijas menores harían una fiesta juntas en la que se vestirían como princesas. Todos prometieron apoyarse y ayudarse unos a otros durante el aprendizaje de sus habilidades. Además, se decidió que los abuelos y algunos amigos serían invitados a participar como ayudantes. Caroline iba a convertirse en su ayudante principal, y la familia se mantendría en contacto con ella a través del correo electrónico y el teléfono.

Todos mostraron gran entusiasmo con el juego desde el principio y hasta se creó una especie de competencia. Los miembros de la familia estaban pendientes los unos de los otros y con frecuencia se recordaban las cosas y se felicitaban por el éxito cuando tocaba.

Los problemas de alimentación de Sandra se mantuvieron al margen. Los padres siguieron el consejo de Caroline y eludieron cualquier comentario acerca de su alimentación.

—Haga lo que haga, no digáis ni una palabra —les recomendó—, y ni siquiera pongáis mala cara.

Los padres aceptaron su consejo, aunque no resultaba nada fácil para ellos; sin embargo, se las arreglaron porque, como ellos decían, estaban dispuestos a hacer cualquier cosa para ayudar a su hija. Caroline apoyó a la madre mediante conversaciones telefónicas cada dos días, con el fin de darle la oportunidad de que expresara sus sentimientos y pudiera desahogarse.

Pasada una semana y media del comienzo del juego, se produjo un hecho que cogió por sorpresa a los padres; sin previo aviso, Sandra se sentó a la mesa a la hora del almuerzo y se puso algo de comida en el plato. Lo hizo de forma tan discreta que los demás tardaron un poco en darse cuenta. No ingería nada de comida, pero los padres siguieron el consejo de Caroline y no prestaron atención a ese detalle. Cuatro días después, cuando la familia todavía se encontraba ocupada con su juego de *Habilidades para niños*, Sandra dio su primer bocado de comida corriente. Los días siguientes empezó a comer de manera más gradual, e incluso a pedir algo más entre comidas.

Caroline estaba impresionada. Sabía que a Sandra le quedaba aún un largo camino por recorrer, pero también que habían logrado evitar tanto la desnutrición grave como la hospitalización. Además, la relación entre Sandra y su madre había mejorado, y la atmósfera positiva de la familia se había restaurado, con lo cual los miembros de la familia disfrutaban de la compañía de los demás de nuevo.

En el momento de escribir este artículo, a Sandra le iba bien y su madre se había convertido en una ayudante apasionada de *Habilidades para niños*, colaborando en la organización de un taller sobre el método para el personal del colegio de sus hijas.

Habilidades para niños y el Corán
(niño de 11 años)

Habilidades para niños *es un método neutral que puede ser utilizado en diferentes culturas y ambientes religiosos. Cuando se aplica en culturas extranjeras, sus pasos básicos siguen siendo los mismos, mientras que los problemas y las soluciones respectivas varían.*

Hooshmand Ebrahimi es un terapeuta infantil que trabaja en la ciudad de Shiraz, en Irán, y que utiliza Habilidades para niños *en combinación con las enseñanzas del Corán. Su lugar de trabajo, conocido como la Sala de Habilidades, se encuentra en el santuario de Shah Cheragh. Los niños de distintos colegios de la ciudad acuden a verlo a la Sala de Habilidades, acompañados a menudo por sus profesores. La siguiente historia sirve para ilustrar la forma de trabajar de esta terapeuta, así como el resultado de la combinación de* Habilidades para niños *y el Corán.*

También demuestra que lo esencial de este método no es tanto lo que el niño aprende y cómo va a hacerlo, sino el hecho de invitar a todas las personas importantes de su vida a participar mediante su ayuda y su apoyo al niño de cara a responder a las expectativas específicas de la cultura.

Poorya era un niño de once años a quien le iba bien en el colegio y que también era popular entre sus compañeros, a juzgar por el hecho de que ellos mismos lo habían elegido como miembro del consejo de alumnos. Visitó la Sala de Habilidades con sus compañeros de clase para aprender el significado de ser un buen amigo. Cuando la sesión terminó y los niños se marcharon a rezar, el profesor se quedó atrás y le preguntó a Hooshmand qué pensaba sobre Poorya. Hooshmand dijo que parecía un niño amable que se preocupaba por el bienestar de sus compañeros de clase. El profesor estaba de acuerdo, pero le contó al terapeuta que Poorya tenía graves problemas en casa. Sus padres le habían dicho al profesor que, en su casa, el niño muchas veces les contestaba y se negaba a hacer lo que le decían.

Hooshmand sugirió que podía hablar con los padres de Poorya cuando visitara el colegio para llevar a cabo un encuentro de seguimiento con los chicos. El profesor prometió invitar a los padres a una reunión.

La semana siguiente Hooshmand acudió a la cita con los padres de Poorya y el profesor. Los padres eran personas bien educadas, con unas expectativas académicas y de comportamiento tan elevadas que a Hooshmand no le sorprendió que Poorya a veces tuviera ganas de ignorarlos o de contestarles.

El terapeuta habló a los padres sobre *Habilidades para niños*, presentándoles la idea de disciplinarlos de una forma más colaborativa que exigente. A ellos les gustaron las ideas de Hooshmand y aseguraron que mantendrían una buena disposición a la hora de intentar utilizar un enfoque más positivo con su hijo. Cuando Hooshmand preguntó a los padres qué habilidad debería aprender Poorya con el fin de resolver los problemas en casa, ellos dijeron que querrían que aprendiese «a respetar a sus padres». Antes de que estos se fueran, Hooshmand les pidió tanto a ellos como al profesor que observaran al niño durante las próximas semanas y registraran cualquier gesto de Poorya que demostrara respeto por sus padres.

Después de que los padres se hubieran ido, Hooshmand pidió permiso al director del colegio para tener una charla con el niño. Cuando se conocieron, Hooshmand le dijo:

—He hablado con tu madre, con tu padre y con tu profesor, y todos están de acuerdo en que si aprendes a respetar a tus padres, te sentirás más relajado y feliz en casa. ¿Tú qué crees? ¿Podrías aprender esa habilidad?

Poorya se mostró de acuerdo y dijo que para ser más obediente en casa, en realidad tendría que aprender la habilidad de respetar a sus padres. Podía ver con facilidad que el aprendizaje de la habilidad le reportaría muchos beneficios, como que los padres estarían satisfechos con él, que él mismo se sentiría más querido por ellos, e incluso que podría obtener mejores calificaciones en el colegio. Poorya aceptó aprender la habilidad y decidió llamarla «un buen chico».

Hooshmand instó a Poorya a que pidiera permiso a sus padres para ir a visitarlo a la Sala de Habilidades. Sus padres dieron su consentimiento y cuando Poorya llegó allí, Hooshmand le encargó dos tareas para cuando llegara a casa: la primera consistía en repasar sus libros de texto del Corán y buscar lo que Dios había dicho acerca de la relación entre padres e hijos. Luego debía escribir sus conclusiones en su cuaderno de trabajo y llevar este consigo la siguiente ocasión, con el fin de analizarlas con Hooshmand; la segunda tarea consistía en ir a la biblioteca del colegio, para estudiar las historias del Corán dirigidas a los niños y elegir después a uno de los héroes que aparecían en ellas, con el fin de convertirlo en su *ayudante imaginario*.

Una semana más tarde Poorya fue a ver a Hooshmand de nuevo a la Sala de Habilidades y le informó acerca de sus descubrimientos. Había visitado la biblioteca, encontró varios cuentos infantiles y se decidió por el profeta José como su *ayudante imaginario*, «porque el profeta José era el héroe de la bondad que elevó a sus padres al trono», según explicó él mismo. Hooshmand y Poorya hicieron luego una búsqueda en la red para encontrar una imagen del profeta. En una página web dedicada a la cultura persa localizaron una imagen del profeta José como si fuera un niño. Imprimieron dos copias y, a continuación, Poorya pegó una de ellas en su cuaderno de ejercicios de *Habilidades para niños*, mientras que colocó la otra, después de haber sido enmarcada, en la estantería de su casa.

En cuanto a las enseñanzas del Corán respecto de la relación entre padres e hijos, el niño había encontrado dos citas relevantes; una de ellas era: «Haz el bien a tus padres», y la otra: «Dirígete a tus padres en términos de honor».

Cuando le preguntaron por las personas que quería como ayudantes en el proceso de aprendizaje de la habilidad «respeto a los padres», Poorya eligió a su profesora, al director del colegio —que era conocido por ser especialmente amable con los niños— y a uno de sus compañeros de clase, que, según Poorya, tenía una buena relación con sus propios padres.

Después, Hooshmand y Poorya realizaron juntos la composición e impresión de una invitación personalizada para cada uno de los ayudantes. Al final de la sesión, Hooshmand le pidió a Poorya que le contara cómo quería celebrarlo cuando hubiese aprendido la habilidad «respeto a los padres». El niño dijo que le gustaría beber zumo de frutas y ver dibujos animados de la Pantera Rosa, junto con sus ayudantes y sus compañeros de clase, en la Sala de Habilidades.

La siguiente sesión, con la profesora de Poorya, tuvo lugar en la Sala de Habilidades. Dedicaron el tiempo a ayudar al niño a desarrollar una idea más clara de lo que podía significar en la práctica el «respeto a los padres».

—¿Sabes cómo hacer para mostrarles más respeto? —preguntó el terapeuta al niño—. De acuerdo, vamos a pensarlo —dijo Hooshmand, mientras sacaba el proyector y enseñaba a Poorya una presentación en *Power Point* que había preparado, basada en las dos citas del Corán que Poorya había encontrado en sus libros de texto.

Hooshmand comenzó con una diapositiva que llevaba adjunta la frase: «Haz el bien a tus padres», y le pidió algunos ejemplos de cosas buenas que él hubiera hecho por sus padres durante la semana anterior. Poorya dijo que los había ayudado con las tareas de la casa, que había estudiado más para complacerlos y que se había ido a la cama temprano por las noches.

—Todas esas cosas son buenas acciones —respondió Hooshmand—, y con seguridad satisfarán a tus padres, pero aún mejor, de acuerdo a lo que Dios nos enseña, es hacer las cosas que vas a ver en la siguiente diapositiva.

La filmina contenía una lista con las virtudes que se mencionan a continuación:

- Expresa afecto a tus padres
- Obedece a tus padres
- Consulta a tus padres
- Muestra agradecimiento a tus padres
- Cuida de tus padres
- Respeta a tus padres

Mediante un juego de rol, con Hooshmand en el papel de padre y la profesora en el papel de madre, Poorya fue preparado para representar ejemplos de estas virtudes.

La siguiente diapositiva mostraba la cita: «Dirígete a tus padres en términos de honor». Mientras Poorya la miraba, Hooshmand le pidió que pensara en las siguientes preguntas: ¿qué significa la amabilidad?, ¿qué se hace cuando uno es educado y correcto con sus padres?, y ¿cómo puede un niño de once años mostrar bondad a sus padres? En función de las respuestas de Poorya a estas tres preguntas, el terapeuta compuso la siguiente lista de directrices:

- Háblales con calma a tus padres
- No interrumpas a tus padres
- Cumple las peticiones de tus padres
- Utiliza palabras cariñosas para dirigirte a tus padres

Con estas directrices de fondo, Hooshmand y Poorya cooperaron para elaborar en el ordenador un documento de una página que explicaba las implicaciones de llevar a la práctica la habilidad «respeto a los padres». Tras imprimirlo, la profesora lo colocó en una pared del aula a modo de cartel o póster. Encima del mismo aparecían las dos citas del Corán que Poorya había elegido y, debajo, se encontraba la habilidad que Poorya estaba aprendiendo, con una descripción de cómo llevarla a la práctica. La sesión terminó con el siguiente acuerdo: bajo la supervisión de su profesora y con el apoyo de sus ayudantes, en las semanas siguientes Poorya practicaría su habilidad, tanto en situaciones simuladas como en situaciones reales.

Pasadas tres semanas, el profesor comentó que los padres de Poorya se sentían satisfechos con la mejora que su hijo había experimentado en lo referente a su obediencia, así como con su progreso en el dominio de la habilidad «respeto a los padres». Por ello había llegado el momento de organizar la celebración prevista. Para tal ocasión, Hooshmand creó otra presentación en *Power Point*. La primera diapositiva mostraba una imagen del libro sagrado del Corán bajando del cielo, junto con las dos enseñanzas del Corán —«Haz el bien a tus padres» y «Dirígete a tus padres en términos de honor»— que emergían del mismo. La segunda diapositiva representaba al *ayudante imaginario* de Poorya, el profeta José, y la tercera exponía las diversas formas en las que los niños pueden mostrar respeto a sus padres.

La celebración tuvo lugar en la Sala de Habilidades. La presentación en *Power Point* que Hooshmand había preparado mostraba a Poorya explicando las diapositivas y relatando lo que había hecho para aprender su habilidad. Cuando hubo terminado, le ofreció zumo de fruta a los invitados y después todos vieron la película de la Pantera Rosa.

Al finalizar la celebración, y con la sola presencia de Poorya, sus padres y su profesora, Hooshmand le preguntó a Poorya si le gustaría enseñar la habilidad «respeto a los padres» a alguien.

—A cualquier estudiante que mi profesora me indique —dijo Poorya.

—¿Y cuál es la siguiente habilidad que quieres aprender? —continuó el terapeuta.

—Trabajar con los niños en la Sala de Habilidades —respondió Poorya, con una mirada esperanzadora en su rostro.

Medio año después, Poorya ayudaba de verdad a Hooshmand de vez en cuando, en la Sala de Habilidades, en la enseñanza de habilidades sociales a los niños.

Volver a ser feliz después del divorcio de los padres
(niña de 11 años)

Jocelyne Pouliot es una profesora jubilada, y embajadora de Habilidades para niños, *que atiende una consulta privada como orientadora en la ciudad de Rimouski, al este de Canadá. Esta historia, sobre una niña de once años que respondió de manera negativa al repentino e inesperado divorcio de sus padres, constituye un ejemplo del uso de* Habilidades para niños *a la hora de apoyar a los pequeños que se enfrentan con acontecimientos difíciles en sus vidas. Cuando se trabaja con niños no es raro encontrarse con situaciones como esta, en las que puede que no seamos capaces de alterar la causa, pero donde podemos ayudarlos a desarrollar habilidades que fortalezcan su resiliencia y capacidad para hacer frente a los hechos.*

Los padres de Sarah se habían separado durante las vacaciones de verano. Su padre había encontrado una nueva novia y se había mudado a otra ciudad a cuatro horas de casa. Su madre no podía permitirse mantener el hogar familiar y se vio obligada a mudarse, junto con sus dos hijos, a casa de su madre, situada a treinta minutos de su pequeña ciudad. Como resultado, Sarah había experimentado muchos cambios no deseados: una casa nueva, un traslado a una escuela de la ciudad, la pérdida de sus mejores amigos y de las actividades que solía realizar con ellos, y, sobre todo, la pérdida de su padre, a quien ahora solo veía un fin de semana al mes.

La separación había sido un *shock* para los niños, a pesar de que no se produjeron peleas ni cualquier otra indicación de problemas. En palabras de Sarah: «Éramos una buena familia. Incluso mis amigas lo decían».

La madre de Sarah se puso en contacto con Jocelyne, cuya consulta se hallaba cerca del nuevo colegio, y le comentó que estaba muy preocupada por el estado emocional de Sarah, pues a veces se sentía tan enojada y deprimida que temía que tuviera pensamientos suicidas.

Sarah odiaba su nuevo colegio tanto como su nuevo hogar, y discutía de manera constante con su hermano de nueve años, con su madre, e incluso con su padre por teléfono. Después de perder a sus dos mejores amigos, aún no había llevado a cabo ningún intento por hacer nuevas amistades. Quiso enfrascarse en nuevas actividades, como el teatro y la defensa personal, pero las dejó poco después de inscribirse. No conocía a nadie y se sentía fuera de lugar.

Jocelyne le explicó el enfoque de *Habilidades para niños* a la madre y, a los pocos días, se ofreció para ver a Sarah. La madre llegó con ella, que parecía ansiosa y permaneció sentada la mayor parte de la sesión con la mirada fija en el suelo y mordiéndose las uñas.

La terapeuta inició la conversación preguntándole a Sarah acerca de sus actividades favoritas dentro y fuera del colegio. También quería saber los proyectos que Sarah soñaba realizar en unos cinco a siete años. Así fue como se enteró de que a Sarah le encantaba el baile, el canto y el teatro —todas las cosas que solía hacer con sus antiguos amigos—. El año anterior había participado en una obra de teatro y había recibido excelentes críticas por su actuación. Le encantaba dibujar cada vez que tenía una oportunidad, pero su gran sueño era convertirse en actriz, y no en una actriz corriente, sino en una que también pudiese cantar y bailar.

Sarah también soñaba con el regreso de su padre a su ciudad natal, lo cual no resultaba poco realista, ya que eso formaba parte de sus planes para las vacaciones del siguiente verano. El regreso de su padre le permitiría volver a su antigua escuela y recuperar a sus amigos. Los padres se mostraban dispuestos a compartir la custodia de sus dos hijos, una vez que él se hubiese mudado de vuelta.

Con su madre en la sala de espera, Sarah se abrió de forma gradual y fue capaz de confiar en Jocelyne. Reconocía que tenía un montón de rabia dentro, pero no sabía cómo controlar estas emociones tan fuertes. Era consciente del impacto que sus estallidos inesperados tenían sobre sus padres y no quería que eso continuase, porque siempre terminaba más deprimida. Se odiaba a sí misma cada vez que se comportaba así y provocaba que tanto su padre como madre se sintieran muy tristes.

En los últimos tiempos se había obligado a mantenerse callada para evitar las discusiones, ya que pensaba que esta era la mejor manera de manejar su ira. Por ejemplo, no le dijo nada a su padre sobre su enfado cuando los llevó a esquiar, a ella y a su hermano, y luego se pasó la mayor parte del tiempo con su novia.

—Odio lo que hace, pero no quiero decirle nada que hiera sus sentimientos. No lo veo muy a menudo, así que quiero disfrutar del tiempo que pasamos juntos. Nada de peleas.

Otro ejemplo era el colegio, donde también había sentido la necesidad de quedarse callada. Al tocar algunas notas mal con su flauta, el profesor de música le hizo un comentario delante de toda la clase. Pensó que era injusto porque había aprendido hacía muy poco a tocar el instrumento, mientras que los demás alumnos ya llevaban dos años de práctica. Aunque no dijo nada, la verdad es que se sentía avergonzada y resentida.

—Entonces, ¿qué crees que te haría feliz otra vez? —le preguntó la terapeuta.

—Quiero poder divertirme de nuevo con mi familia y quiero tener nuevos amigos —respondió Sarah.

—En ese caso, creo que sé lo que necesitas aprender. ¿Te gustaría saberlo?

—¡Sí!

—Creo que necesitas mejorar a la hora de comunicarte cuando te sientes triste o cuando algo te molesta. Necesitas aprender a expresar tus sentimientos a toda la gente que te rodea. De esta manera no reprimirás tus sentimientos demasiado tiempo, porque luego te hacen explotar al final. Después de todo, esta situación no es culpa tuya y tienes derecho a sentir esas emociones de verdad. ¿Tú qué crees? ¿Te haría más feliz?

—Seguro que sí —dijo Sarah.

La terapeuta se reunió con Sarah tres veces más. La mayor parte del tiempo lo pasaban hablando y practicando cómo comunicar sentimientos sin recurrir a la ira. Sarah, que amaba el teatro, disfrutaba al actuar en diferentes situaciones de la vida real en las que tenía que expresar sus emociones. Practicó cómo expresar lo que sentía a su padre, a su madre, a su profesor de música e, incluso, a su hermano menor.

Entre las sesiones Sarah tenía ganas de llevar a la práctica sus nuevas habilidades comunicativas. Se le presentaban un montón de oportunidades para aprender a controlar su impulsividad y expresar sus verdaderos sentimientos hacia su padre, su madre y, sobre todo, su hermano.

Jocelyne le aconsejó los siguiente:

—Respira de manera profunda y piensa dos veces antes de hablar. Intenta practicar todos los días como lo haría una actriz. Piensa primero en lo que quieres decir y luego dilo de modo que no hiera los sentimientos de nadie. Y pronto te darás cuenta de que te sientes mucho mejor contigo misma.

—«Piensa dos veces antes de hablar y la vida será más fácil» —dijo Sarah, repitiendo las palabras de la terapeuta. Esta frase se convirtió en un mantra para ella. Lo recitaba en su cabeza varias veces al día, mientras practicaba sus habilidades en casa, en el colegio y en casa de su padre.

La segunda vez que la señora Pouliot se encontró con Sarah, le dijo:

—¿Sabes, Sarah? Creo que hay otra habilidad que podría ayudarte a ser aún más feliz; creo que serías más feliz si aprendieras a concentrarte en las cosas que te alegran y dejaras que los adultos resolvieran sus propios problemas. Considero que sería positivo que aprendieses a no prestar atención cuando tus padres hablan por teléfono sobre cosas tales como los problemas de dinero o el tiempo que pasas con tu padre. Una vez más, esta situación no es culpa tuya. No es bueno para ti cargar con ese peso sobre tus hombros. Es responsabilidad de ellos resolver ese tipo de cuestiones, no tuya.

Sarah estaba de acuerdo.

—Si quieres, puedes tener este libro —dijo la terapeuta, tras lo cual le entregó un pequeño cuaderno de colores a Sarah. Puedes usarlo para llevar un diario de las cosas buenas que te suceden y anotar, por ejemplo, todos los días dos momentos felices; tal vez pequeñas cosas buenas que ocurren en tu casa, en casa de papá o en el colegio. Es posible que sea cualquier cosa, como ver un pájaro bonito de camino al colegio, algo que haga tu hermano y que te divierta, un compañero del colegio que te sonría, o alguien que muestre interés por tu talento artístico. ¿Qué dices? ¿Te gustaría probar a hacerlo?

—En verdad, no quiero escribir nada. Ya tengo demasiado que escribir para el colegio —dijo Sarah.

—¿Sabes? En realidad no tienes que escribir nada. En su lugar, podrías hacer dibujos de momentos felices. Eres una buena artista —sugirió la señora Pouliot.

La idea de expresarse a través de imágenes en lugar de palabras le llamó la atención a Sarah.

—Y si hay algún día que no tenga un momento feliz —continuó Jocelyne—, también vale. ¡No te preocupes por ello! No necesitas inventarte nada, solo esperar a ver si mañana es un día más feliz.

Durante las semanas posteriores, Sarah realizó casi todos los días hermosos dibujos que representaban momentos felices en su pequeño diario de arco iris, y después lo dejó de repente. La razón que dio fue la siguiente:

—Yo puedo hacerlo en mi cabeza ahora.

Y corroboró su punto de vista con la constatación de que se había hecho amiga de una compañera a quien también le gustaba el teatro. Ahora planeaban hacer una obra a final curso. Las chicas ya le habían propuesto la idea a su profesora, la cual se alegró mucho al considerar su aprobación e, incluso, les ofreció su ayuda.
Sarah agregó:

—Por fin he encontrado a una amiga a quien le encanta el teatro, como a mí.

Hizo progresos tan rápido que ella misma se sorprendió. Sus calificaciones mejoraron; conoció a un par de chicas más mientras trabajaba en un proyecto artístico; le gustaba estar con su madre y con su hermano de nuevo; su padre le prestaba más atención; su profesor de música se había disculpado y había sido amable con ella y, sobre todo, estaba emocionada por la nueva obra y por la idea de que pudiera tener futuro en el teatro, así como también por poder divertirse al cantar y bailar.
En la última sesión, Sarah presentaba un aspecto muy diferente al de la niña deprimida y enfadada que fruncía el ceño todo el tiempo, miraba hacia el suelo y se mordía las uñas.

—Estás llena de talento, Sarah. ¡Adelante! —la animó la terapeuta—. Espero verte un día en la televisión o en el teatro. Tienes lo que se necesita.

Sarah respondió con una hermosa sonrisa.

Encontrar una manera de lidiar con el maestro

(niño de 11 años)

Carolien van Mourik es profesora de educación especial en la escuela primaria De Bron, en la ciudad de Raamsdonksveer, Holanda. Como parte de su trabajo apoya a los profesores para que se relacionen con niños corrientes que presentan necesidades especiales y que asisten a clases normales. Esta historia sirve para describir cómo utilizaba Habilidades para niños *con el fin de ayudar a un desafiante niño de once años de edad, diagnosticado de* TDAH *y de síndrome de Tourette, a restablecer una buena relación con su profesor.*

Geert tenía la mala costumbre de hacer comentarios sobre lo que cualquier persona dijera en clase, ya fuera otro alumno o el propio profesor. Un día Geert insultó a un compañero. La profesora le ordenó que le pidiera disculpas y dejara de hablar de esa manera.

—Este es un país libre y por eso puedo decir lo que quiera —dijo Geert con arrogancia.

La profesora respondió, según un acuerdo al que se había llegado de manera previa, diciéndole a Geert que había llegado el momento de que se dirigiera a «la esquina del aula para permanecer un rato». Cuando Geert se negó, su profesora se puso en contacto con Carolien y solicitó su ayuda.

Al llegar, Carolien le pidió a Geert que hablara con ella. Geert se enfureció, pero cumplió. Cuando se quedaron solos, Carolien le dijo que se daba cuenta de que estaba enfadado y le pidió que explicara la razón de su rabia. Geert le habló de sus frustraciones con la profesora.

—¡Estoy harto y cansado de esa *perra* porque siempre está de mal humor! —exclamó.

Carolien le permitió a Geert hablar sin cortapisas y se abstuvo de hacer comentarios. Cuando empezó a calmarse, le preguntó si había algo que pudiera mejorar para llevarse mejor con su profesora.

Geert lo pensó durante un rato y luego se le ocurrió una idea.

—Tal vez podría aprender a evitar hablar con ella. Puede que funcionara mejor si, en vez de decirle cualquier cosa, escribiera lo que no me gusta en mi cuaderno y luego esperara a hablar con ella en el siguiente recreo.

—¡Es una gran idea! —dijo Carolien, y después le preguntó cuáles serían los beneficios de aprender a hacer eso.

Geert sabía la respuesta:
—Me van a castigar menos y no estaré de tan mal humor —aseveró.

—En una escala del uno al diez, en términos de tu máxima capacidad para no decir nada y esperar hasta el recreo, ¿dónde dirías que estás ahora? —preguntó Carolien.

—En el siete —respondió Geert.

—Mira, Geert, este punto situado aquí en el suelo es el diez y, ese de ahí, un uno —explicó Carolien mientras apuntaba a los extremos opuestos de la sala—. Ve y colócate en el lugar donde creas que te encuentras ahora, y dime qué es lo que te hace sentir que ese es tu sitio y no, por ejemplo, el cinco o el cuatro.

Geert se acercó a un punto que correspondía al siete y dijo:

—Me pongo aquí porque ha habido muchas ocasiones en las que, aunque he estado en desacuerdo con ella, yo no he dicho nada.

—Está bien —dijo Carolien.

Luego le pidió que caminara hasta el lugar que correspondía al número diez en la escala imaginaria.

—¿Cómo se ve el panorama cuando estás ahí?
—Mejor.
—¿Qué lo hace mejor?
—No hay discusiones.
—Bueno, y ¿cómo se siente uno?
—Mejor.
—Bien. ¿Algo más que veas?
—No.
—¿Qué pueden ver otras personas que sea diferente?
—Hum. Puede que se den cuenta de que estoy un poco más tranquilo.
—¿Qué puede percibir tu profesora que haya cambiado?
—Tal vez que estoy mucho mejor de lo habitual.
—Hum. ¿Qué vería ella diferente en ti?
—Que ya no estoy hablando.
—No hablar. Bueno, eso estaría genial.
—Sí.
—Entonces, ¿qué vas a hacer esta semana para moverte del siete al ocho en la escala imaginaria?
—Voy a levantar el dedo.
—¿Quieres decir que levantarás el dedo para indicar que quieres decir algo? Así que eso es lo que vas a hacer esta semana, levantar el dedo. Vale, parece una buena idea.

Carolien hizo un cuaderno de ejercicios para Geert y lo decoró con imágenes de fútbol, que era su pasión. En sus reuniones usaban este cuaderno para planificar y elaborar los proyectos de Geert. En la primera página Geert escribió la siguiente descripción de la habilidad que iba a aprender: «Cuando no esté de acuerdo con mi profesora se lo diré durante el recreo».

Geert eligió una de las marionetas de dedos de Carolien como *ayudante imaginario* o «amigo», como él lo llamaba, y decidió pedirle a uno de sus compañeros de clase que fuera su ayudante.

Geert trabajó mucho su habilidad y se reunía una vez a la semana con Carolien. En estas reuniones también hablaban de la forma en que quería celebrarlo, una vez hubiese aprendido la habilidad. Geert abordó la cuestión con su profesora y estuvo de acuerdo en que, cuando hubiese conseguido aprender la habilidad, toda la clase sería recompensada por dejarle tener un recreo más largo de lo normal, con el fin de jugar al fútbol durante diez minutos extra. Y en efecto, esto pasó pronto.

Carolien observó que trabajar de esta manera en particular con Geert mejoraba su habilidad para ver y reflexionar sobre su propia conducta. Por ejemplo, en una de las últimas sesiones juntos, Geert se colocó en el nueve de la escala imaginaria. Carolien le pidió que diera un paso adelante y pasara al diez.

—No, no quiero —dijo Geert—, porque esta semana no me ha ido tan bien. No merezco estar en el diez. Me quedaré aquí, en el nueve.

Geert aprendió a llevarse mejor con su profesora y también a reconocer su propio papel en los conflictos del colegio. Se lo pasaba bien en las reuniones con Carolien y le contó en confianza muchas cosas que sucedían en su vida. Estaba acostumbrado a recibir muchas críticas por parte de casi todo el mundo debido a su comportamiento. En el trabajo con Carolien, el énfasis no se colocaba en sus problemas, sino en algo que fuera positivo —la habilidad que tenía que mejorar para evitar meterse en problemas con su profesora—. La madre de Geert, que había servido de apoyo durante el proceso, le comentó a Carolien que este había tenido un efecto positivo en su capacidad de reflexionar sobre su propia conducta y autoestima.

Aprender a dejar de jugar con videojuegos
(chico de 14 años)

Saija Roine es una psiquiatra infanto juvenil que trabaja en un centro de atención a la salud mental en la ciudad de Kuopio, Finlandia. En su trabajo es fácil ver con relativa frecuencia a jóvenes que se han convertido en adictos a los videojuegos. La siguiente historia sirve para ilustrar cómo se utiliza Habilidades para niños *para tratar esta obsesión. Su interés radica en que parece contradecir uno de los principios claves de dicho método; en concreto, la regla de que la habilidad que hay que aprender no es dejar de hacer las cosas mal, sino, en vez de eso, aprender a hacer lo correcto. Sin embargo, al leer este caso se puede pensar que, incluso aunque la habilidad del chico se definiera como dejar de jugar, no se trataba de dejar de hacer algo mal, sino de aprender a poder controlar el tiempo dedicado al juego.*

Cuando la madre de Niilo solicitó cita en el centro, informó de algunos antecedentes a Saija. Así, explicó que Niilo, que ahora tenía 14 años, había sido diagnosticado del síndrome de Asperger. Se trataba de un chico brillante, su rendimiento académico y su conocimiento de ordenadores eran impresionantes, pero apenas contaba con amigos y tendía a ser torpe en la interacción con otras personas. A menudo ofendía a la gente al decir algo inadecuado o debido a su falta de tacto. Según su madre, era incapaz de comprender los sentimientos de otras personas y no era raro para él ser intimidado por sus compañeros de clase. Otro signo de su síndrome de Asperger es que, desde una edad temprana, Niilo había mostrado una fuerte tendencia a obsesionarse por las cosas.

—¿De qué crees que debemos hablar? —comenzó a decir Saija en la primera sesión con Niilo y su madre.

—No sé —dijo Niilo mientras se le trababa la lengua.

Sin embargo, su madre dijo:

—Niilo ha tenido una mala semana en lo que a su obsesión se refiere.

—Eso es por tu culpa, ¡porque no me dejas tiempo suficiente para jugar con el ordenador! —contestó él de manera brusca.

—Está enganchado por completo a los videojuegos —repitió la madre.

—¿Qué juegos te gustan? —preguntó Saija, mostrando interés por lo que a Niilo le gustaba hacer.

—Mi juego favorito es el *Flash Point*. Es impresionante. Te permite crear tu propio campo de batalla —explicó Niilo con entusiasmo.

—¿Con quién juegas a *Flash Point*?

—Por lo general, solo, pero a veces con mi primo o con un amigo.

—Me pone muy inquieta la situación que se genera —interrumpió la madre—. Le absorbe tanto que, cuando juega, grita: «¡Matadlos! ¡Matadlos!» —parecía preocupada.

—¿Cómo has intentado solucionarlo en casa? —le preguntó Saija.

—Bueno, amenacé con desconectar el equipo, ya que nada más parecía funcionar. Pero eso solo empeoró las cosas. Niilo tuvo un berrinche espantoso —explicó la madre.

La situación se había vuelto tan grave que Niilo había empezado a descuidar sus deberes. Incluso se había saltado la ducha durante cuatro días seguidos. Además, amenazó con represalias si su madre ponía las manos en su equipo.

—¿Has intentado algo más, algo que haya sido útil? —preguntó Saija.

—Los miembros de la familia al completo nos sentamos y pensamos en intentar alcanzar algún tipo de acuerdo escrito sobre el uso del ordenador, tanto para Niilo como para su hermano pequeño —dijo la madre.

—Esa es una idea excelente —confirmó Saija, y la alentó para que siguiera adelante con el plan.

Antes de dar la reunión por finalizada, Saija presentó a la madre y a Niilo el cuaderno de ejercicios de *Habilidades para niños* y les habló de los principios generales. Al notar que tanto ella como él parecían estar interesados en el método, Saija continuó:

—Me gustaría que os sentarais juntos un rato y pensaseis qué habilidad tendría que aprender Niilo para que le ayudase a resolver este problema. Vosotros ¿qué creéis? ¿Podríais hacer eso?

Ambos asintieron.

—Bien, eso es genial. Y Niilo, me gustaría que hicieras algo especial. Quisiera que pensaras, antes de que nos reunamos la próxima vez, en un nombre clave para la habilidad que necesitas aprender.

Tres semanas más tarde, Saija se reunió con Niilo y con su madre de nuevo. Ambos parecían mucho más a gusto en comparación con la primera sesión. Hubo menos enfrentamientos respecto del uso del ordenador; la familia se había reunido y habían decidido retomar el acuerdo sobre de forma que afectara a todos los miembros de la familia y, además, los planes preliminares se habían elaborado con la determinación de un día a la semana libre de ordenador. La madre, sin embargo, seguía preocupada por Niilo, ya que era incapaz de dejar de jugar si no se le decía que lo hiciera.

—¿Has pensado en la habilidad que Niilo debe aprender? —preguntó Saija.
—Creo que lo que necesita aprender es la habilidad de «dejar de jugar» —contestó la madre.

—Estupendo, suena bien. ¿Has encontrado un nombre para la habilidad, Niilo?

—Yo la llamo «Formatear».

—Oh, ¿te refieres al significado de formatear un disco duro de un ordenador?

—Sí.

—Hum. Eso es inteligente. Entonces ahora no solo tenemos la habilidad, sino también un nombre para la misma. Genial. El siguiente paso es pensar en lo bueno que resultará para ti si eres bueno en «Formatear».

Niilo entendió la cuestión y, sin dudarlo, comenzó a hacer una lista de varios beneficios: «Mamá no gritaría, estaría más tranquila en casa, y tendría más tiempo para hacer con calma mis deberes».

—Y te irá mejor en el colegio —añadió su madre.

—¿Puedes pensar en un *ayudante imaginario* o un héroe que te ayude a aprender la habilidad de «Formatear»? —le preguntó Saija.

—¿Puede ser un animal? —quiso saber Niilo.

—Claro, ¿por qué no?

—En ese caso quiero que Misse, nuestro gato, sea mi *ayudante imaginario*.

—Vale. ¿Y quiénes quieres que sean tus ayudantes?

—Mamá y papá… y mi hermano pequeño.

—Está bien. Ahora quiero preguntarte una cosa —continuó Saija dirigiéndose a la madre—, ¿qué te da la seguridad de que Niilo aprenderá la habilidad de «Formatear»?

—Creo que la aprenderá porque, por lo general, aprende lo que se propone, y porque podrá ver lo beneficioso que le va a resultar —respondió la madre.

Saija le explicó entonces a Niilo que una parte de *Habilidades para niños* consistía en celebrar el aprendizaje de la habilidad, y le pidió que pensara en qué le gustaría hacer, una vez hubiese aprendido la habilidad de «Formatear». Así lo hizo durante un minuto, luego Niilo miró a su madre y dijo:

—¿Podemos comprar galletas de chocolate y refrescos de cola, y pasar un delicioso rato con la familia?

A lo largo de las dos semanas anteriores Niilo había demostrado su aprendizaje de la habilidad de «Formatear» unas cuantas veces y estaba dispuesto a seguir practicándola. El acuerdo consistía en que si se le olvidaba la habilidad, tanto Misse, el gato, como su madre se la recordarían con la simple mención de la palabra «formatear».

Niilo también sugirió que podría enseñarle esa habilidad a su hermano pequeño.

Antes de que se marcharan, Saija tuvo una conversación privada con la madre, en la que le habló de reforzar el desarrollo positivo de Niilo mediante la práctica de «chismes positivos», lo cual significaba contarle a alguien todo lo relacionado con los cambios positivos experimentados por Niilo en presencia de este.

—¡Qué gran idea! —exclamó la madre—; yo podría elogiarlo delante de mi marido, así como de su abuela y su tía.

Dos meses más tarde, Niilo acudió a la tercera sesión en compañía de su madre.

—¡Me encuentro muy bien! —manifestó Niilo, cuando entraba en la sala de visitas.

La madre estaba de acuerdo y le dijo a la terapeuta que Niilo había terminado bien sus tareas del colegio, y que en varias ocasiones había sido capaz por sí mismo de dejar de jugar a los videojuegos.

—Siempre hago mis deberes antes de encender el ordenador —añadió Niilo.

También se habían producido otras mejoras. Su madre dijo que Niilo no se había metido en más peleas en el colegio, a pesar de que lo habían intimidado un par de veces con comentarios poco afortunados.

—De alguna manera, ha sido capaz de controlarse y de dejar de atacar a los demás. Además, le cuenta a su profesor y a nosotros más cosas acerca de sus experiencias e incluso ha hecho un par de amigos nuevos en clase.

La sesión finalizó con una conversación sobre el tipo de celebración que Niilo organizaría con su hermanito cuando, según lo indicado en el acuerdo, los dos hubiesen mejorado en la habilidad de dejar de jugar a videojuegos.

SECCIÓN 4
Habilidades para niños en grupos

El gusano perezoso
y la hormiga obrera

Camilla Schöldberg, Stina Vildir, Lennart Mattson y Cecilia Jonsson conforman el personal de Liljanskolan, una escuela de terapia para niños pequeños con necesidades especiales localizada en Estocolmo, Suecia. Los siete niños de las clases de educación especial se encontraban desmotivados; les costaba arrancar, no querían trabajar y, en general, tenían una actitud negativa hacia el trabajo escolar. El equipo decidió usar Habilidades para niños *con el fin de ayudar con los pequeños. Un paso importante en el uso de este método con toda una clase consiste en presentar la idea a los niños. En esta historia, así como en algunas de las otras que implican a toda una clase, a la profesora se le ocurrió la presentación del proyecto en forma de juego.*

Una mañana los profesores dijeron a los estudiantes:

—El Consejo Escolar nos ha convocado a una reunión en el ayuntamiento, y nos han comentado que han sido informados respecto de algo que afecta a muchas escuelas del distrito, pero que nadie sabe con exactitud de qué se trata. Lo único que se sabe es que muchos alumnos de la ciudad han padecido síntomas similares: poca energía, falta de iniciativa, ausencia de ganas de abrir los libros o de comenzar la clase; tan solo han realizado las tareas a medias; parecían sacos de patatas en sus pupitres y se querían tomar un descanso casi antes de haber comenzado. El Consejo Escolar ha llamado a los profesores de diferentes colegios para mantener una reunión porque quieren pedir a los niños que intenten encontrar una manera de resolver esto. Pretenden que ellos averigüen lo que sucede y quieren que le pongan un nombre para poder darlo a conocer a las demás personas.

Todos los niños reconocieron los síntomas y se mostraron de acuerdo en que el colegio debía hallarse afectado por lo que sea que fuera eso.

—Nosotros también hemos estado dándole vueltas al asunto —dijeron los profesores—, y parece que todo es cierto.

A continuación preguntaron a los niños si estarían dispuestos a tratar de superarlo, fuese lo que fuese, tal y como el Consejo Escolar esperaba. Sin una sombra de duda, todos asintieron.

—¿No creéis que necesitamos un nombre para lo que está ocurriendo? —preguntaron los profesores a los niños—. ¿Cómo podría llamarse esto?

Se hicieron muchas sugerencias y, al final, se tomó la decisión de llamar a aquello «el gusano perezoso» y, con el fin de librarse de él, los niños usarían lo que decidieron llamar «la hormiga obrera». Vieron muy conveniente despachar al «gusano perezoso» y sustituirlo por «la hormiga obrera», pues ello conllevaba mejores notas, adultos más felices y menos estrictos, niños alegres y despiertos y, por último, pero no menos importante, premios. Los profesores acordaron que los niños fueran recompensados de una forma u otra en caso de que llegaran a transformarse en «hormigas obreras».

Se decidió que se organizaría una fiesta cuando «el gusano perezoso» se hubiese marchado. A tal fin, pidieron a los niños que hicieran una lista de cosas para la fiesta. Querían que fuera un viernes, habría refrescos, juegos en los que todos pudieran participar y vídeos. Además, querían recoger algo de la cesta de premios: un acuerdo que se había presentado antes a la clase.

También acordaron que habría dos celebraciones en vez de una. La primera se organizaría cuando hubiesen hecho un notable progreso para librarse del «gusano perezoso», y la segunda, que sería mayor, cuando todo se hubiera acabado. Se acordó que cada vez que los niños terminaran sus tareas en el colegio, recibirían una piedra. La piedra se colocaría en un jarrón y, cuando el jarrón estuviese lleno, se haría la celebración. En primer lugar, los niños llenaron un jarrón pequeño y, luego, uno más grande.

Antes de acabar de planificar el asunto de la celebración, se les comunicó a los niños que podrían tener *ayudantes imaginarios* para facilitarles el camino. La idea fue bien recibida y pronto todos habían hecho dibujos de sus *ayudantes imaginarios* personales, que eran de todo tipo y oscilaban desde un perro hasta una abeja feroz que se suponía que iba a picar al «gusano perezoso». Todos ellos eran colocados en la pared de la parte delantera de la clase.

Luego hubo un debate sobre qué se debería hacer si las cosas no funcionaban como estaba planeado.

—¿Qué haremos si en algún momento perdéis y «el gusano perezoso» vuelve? —preguntaron los profesores a los niños—. ¿Sabéis? «El gusano perezoso» es un cabezota y se necesita un gran esfuerzo para deshacerse por completo de él. Necesitaréis mucha paciencia y persistencia para convertiros en «hormigas obreras». No acudirá sin más a vosotros, como cuando un mensaje llega al buzón del correo electrónico. ¿No os parece? ¿Qué vamos a hacer cuando la cosa se complique?

A los niños se le ocurrieron muchas ideas: ellos podían mantener la vista en las imágenes de sus ayudantes imaginarios; los profesores podían sostener el jarrón y agitarlo para acordarse de la celebración; también podían usar expresiones como: «¡Reglas de "la hormiga obrera"!», o «¡fuera "el gusano perezoso"!». Así es como los niños creían que podrían superar las recaídas. Aseguraron que confiaban en poder convertirse en «hormigas obreras», porque estaban decididos a tener la celebración. Al final, llegó el momento de ver a quiénes invitarían para que apoyaran el proyecto, y todos querían tanto a los profesores como a sus padres.

En cuanto el plan estuvo trazado, se inició el proyecto. Las piedras se colocaron en los jarrones y, pese a los contratiempos inevitables, los niños consiguieron mantener el centro de atención.

Además de los profesores y los padres, los niños se apoyaban unos a otros con ánimo y frecuentes recordatorios. El nivel de trabajo escolar mejoró de manera significativa.

Un día, entre las dos celebraciones, los niños recibieron una carta del Consejo Escolar que se leyó a toda la clase.

El Consejo Escolar se ha enterado de que los niños de Liljanskolan le han dado un nombre a los síntomas que describimos a principios de este otoño. Pensamos que «gusano perezoso» es un nombre excelente para ello. También se nos ha informado de que los niños de Liljanskolan están trabajando para convertirse en «hormigas obreras» con el fin de que «el gusano perezoso» desaparezca. Es un gran placer para nosotros saber que estáis luchando muy duro para liberaros de los síntomas, y estamos seguros de que ganaréis la batalla contra «el «gusano perezoso». Cuando esto suceda, y la gran celebración se lleve a cabo, esperamos poder hacer un hueco en la apretada agenda del Consejo Escolar para que el inspector pueda asistir también.

Un cordial saludo,
Igor Inspector
El Consejo Escolar

La primera parte de la celebración tuvo lugar en un plazo no superior a dos semanas desde el inicio del proyecto. Cuando los niños entraron en la sala decorada para ello y vieron todas las bebidas, los diferentes tipos de helados y las bengalas festivas, dijeron con asombro: «Si esta es la pequeña celebración, entonces ¿cómo va a ser la grande?».

La segunda y gran celebración tuvo lugar seis semanas después de la primera y duró un día entero. Cuando los padres se unieron a la fiesta por la tarde, se les dedicó un reconocimiento por el apoyo brindado con un refresco espumoso semejante al champán. Sin embargo, el inspector Igor, del Consejo Escolar, no pudo asistir a la celebración, aunque su carta fue muy apreciada por los niños.

Con posterioridad, los profesores preguntaron a los niños qué pensaban sobre el proyecto de «la hormiga obrera» y la respuesta fue muy positiva. Entre otras cosas, dijeron que se habían dado cuenta de que trabajaban mejor durante las clases, que la celebración les había parecido muy divertida y que, en definitiva, era una buena manera de animarlos. Los profesores comentaron que les sorprendió que los niños respondieran tan bien a la estrategia y que habían disfrutado mucho del trabajo. Hubo una notable mejora en la motivación de los niños y ello se mantuvo después de que terminara el proyecto. «Realizar cambios no tiene por qué ser difícil. Se puede recorrer un largo camino tan solo con metas claras y estímulos positivos», concluyeron los profesores.

En el momento en que se presentó este artículo, un nuevo proyecto llamado «La hormiga ayudante», sobre aprender a ser buenos amigos de otros alumnos de la clase, ya estaba en marcha.

Una escuela llamada «La alegría de los niños»

Caroline Beumer, directora de Brand New Way, instituto de formación en Habilidades para niños situado en Holanda, cuenta la siguiente historia. Se trata de una descripción de su trabajo con una pequeña escuela de primaria llamada «La alegría de los niños», que cuenta con unos 250 alumnos y se encuentra en una ciudad de tamaño medio, al oeste de los Países Bajos. La escuela se halla en una zona conocida por sus muchos problemas sociales. El número de alumnos había disminuido con rapidez debido a que muchas familias se habían trasladado a zonas más acomodadas de la ciudad, y cada año se matriculaban menos niños. Caroline fue invitada a la escuela para hablar con los profesores sobre Habilidades para niños. No tenían conocimiento previo de este método, pero decidieron darle una oportunidad a pesar de que muchos manifestaron de manera abierta su escepticismo.

Cuando Caroline habló con los maestros se dio cuenta de que se sentían frustrados. Se quejaban de que los alumnos carecían de habilidades sociales, se enfadaban enseguida e iban de machotes para impresionar a sus compañeros. También les preocupaba que muchos niños pequeños llegaran a la escuela por las mañanas sin estar acompañados por sus padres o cuidadores. Parte del profesorado describió la escuela como una «jungla».

Resultaba que una de las preocupaciones mayores de los maestros era lo que ocurría cuando los niños entraban en el edificio por la mañana y salían por la tarde. Estos acontecimientos se llegaron a calificar de «caóticos». Los alumnos mayores se apresuraban a entrar o salir tan rápido como pudieran, mientras se pisaban unos a otros o empujaban a los más pequeños. Los niños gritaban y, de vez en cuando, había alguien que terminaba llorando.

Los accidentes también sucedían a diario. De manera reciente, habían empujado a una niña de cuatro años contra una puerta de cristal que se rompió, a pesar de tener vidrio de seguridad. La chica resultó herida y tuvieron que llevarla al hospital en ambulancia. El caos matinal se recibía con gran preocupación, ya que creaba una atmósfera negativa que afectaba a todo el colegio.

El profesorado había puesto todo lo que estaba en su mano para resolver el problema. Había aumentado la vigilancia, había aplicado castigos, había ordenado a los niños a entrar y salir del edificio en fila, pero nada había funcionado. Consideraban que solo diez maestros para 250 niños llenos de energía era demasiado como para poder arreglárselas bien.

—De acuerdo. ¿Qué podemos hacer al respecto? —preguntó Caroline—. Si queréis, podríamos diseñar un proyecto basado en el enfoque de *Habilidades para niños*.

Se tomó la decisión de intentar involucrar a todo el colegio en un proyecto de apoyo a los niños para que aprendieran a entrar y salir del centro despacio y con tranquilidad.

Al día siguiente, se informó a todos los alumnos acerca del plan, y les preguntaron sus opiniones al respecto. Las consecuencias negativas del comportamiento actual fueron debatidas en las clases. Se había aconsejado a los profesores cómo llevar el debate para que el problema no constituyera el único centro de atención, para, en su lugar, orientar a los niños a pensar en las consecuencias positivas que se derivarían del aprendizaje de la habilidad de «entrar y salir despacio y con tranquilidad».

Los alumnos fueron capaces de ver un montón de aspectos positivos y esto generó un buen estado de ánimo a la hora de participar de forma activa en la discusión. Se hicieron muchas bromas. Al final, todos estaban de acuerdo en que el objetivo valía la pena. Incluso los alumnos que eran más escépticos se unieron al carro cuando se discutió qué clase de fiesta podría organizarse una vez alcanzado el objetivo. La respuesta positiva de los niños, a su vez, ayudó a convencer a los profesores más escépticos de que el plan, en verdad, podía funcionar.

Se colocó en el pasillo un buzón para las sugerencias relacionadas con el asunto de la fiesta. A cada clase se le permitió aportar tres. Después, todas las sugerencias se expusieron en un tablón de anuncios situado en el pasillo para que todos las vieran y, al final del día, hubo una reunión general para votar la mejor de ellas. La sugerencia que ganó consistía en reservar un día entero para las celebraciones, en las que se harían juegos y para las que se les pediría a los padres que también participaran llevando alimentos de sus respectivos países de origen.

A los niños les gustó la idea de tener la oportunidad de presentar su cultura mediante la preparación de sus comidas favoritas en compañía de sus padres. Los maestros pensaron que sería una oportunidad para que los padres se implicaran más en el colegio, y al mismo tiempo se sintieran orgullosos de sus raíces. Una sorpresa positiva fue que el director señaló que intentaría ponerse en contacto con el periódico local para que escribieran sobre el proyecto.

Muchos alumnos opinaron que debería haber un ensayo general para asegurarse de que todo iba a funcionar, cuando llegara el momento de implementar el nuevo plan, que sería el lunes siguiente. La sugerencia fue aprobada.

Algunos de los educadores creían que un día de ensayo no sería suficiente y que el cambio de comportamiento se tendría que repetir al menos durante una semana. Muchos anticiparon, además, la necesidad de mostrarse firmes con algunos de los alumnos alborotadores.

Por fin llegó el miércoles, que era el día acordado para el ensayo. El periódico local había enviado a un joven periodista y a un fotógrafo para que cubrieran este acontecimiento histórico. Los profesores consideraban que aún quedaba mucho por mejorar, pero el ensayo funcionó bien desde el principio hasta el final.

Además, los alumnos lograron entrar y salir bien los demás días y toda la siguiente semana. Siempre que un niño olvidara lo que se había convenido, se le recordaría con amabilidad el acuerdo y, tal vez lo más importante, la siguiente fiesta.

Tres semanas más tarde, el periódico local publicó un artículo de media página acerca del proyecto y de cómo todo el mundo, incluidos los padres y los comerciantes de la zona, había apoyado la organización de la gran fiesta.

Dos años después, cuando Caroline se puso de nuevo en contacto con algunos de los educadores del colegio, se enteró de que «La alegría de los niños» se había fusionado con un colegio más grande, y de que la nueva escuela funcionaba estupendamente. Habían tenido éxito a la hora de conseguir que más padres se implicasen en el trabajo escolar de sus hijos y, al menos en parte debido al artículo que se había publicado en el periódico, los políticos locales habían tomado partido y, como consecuencia, el colegio había recibido más fondos. Ahora tenía casi 500 alumnos.

Niños aprendiendo nuevas habilidades

Neal Kaer y Barbara Robinson trabajan en el proyecto «Fortaleciendo los lazos familiares», un programa basado en el apoyo a la familia en la pequeña localidad de Yeppoon (Queensland), en la costa este de Australia. Neal y Barbara invitaron a cinco niños, de entre nueve y once años, a participar en el proyecto de Habilidades para niños. *Todos aceptaron. La siguiente historia representa un ejemplo de cómo se puede utilizar este método con un grupo de chavales que se apoyan de manera mutua para aprender sus habilidades.*

Neal y Barbara iniciaron el proyecto, e invitaron a los padres y profesores de los cinco niños a reunirse para debatir y llegar a un acuerdo sobre qué habilidad convenía más que aprendieran.

Después de esta primera reunión, se acordó una segunda con cada niño y sus padres en un debate abierto. La atención se centró en explicarle al niño qué habilidad querían los adultos que él aprendiese para superar sus problemas de comportamiento, así como los beneficios que le reportaría el aprendizaje de la habilidad elegida. Los cinco chicos estuvieron muy bien en estos debates y aceptaron aprender las habilidades que se les propusieron.

Liam tenía serias dificultades en el colegio. Debido a su comportamiento problemático, había sido expulsado en varias ocasiones. No podía completar las tareas y esto hacía que sus problemas aumentaran también en casa. Se decidió que Liam aprendiera la habilidad de completar una tarea dada. Llamó a su habilidad «la habilidad del pez».

Como consecuencia de complejos conflictos familiares, Zac fue enviado durante un período prolongado a una casa de acogida. Cuando la familia se reunió, Zac había empezado a tener graves peleas con su hermano menor y su madre había solicitado ayuda al programa. La habilidad que Zac decidió aprender consistía en controlar su frustración con su hermano menor mediante el uso de «la habilidad de la mano amiga». Esta habilidad, sugerida por su profesor, tenía una serie de técnicas de autocontrol que incluían: la charla amistosa, la charla valiente, pasar por alto, alejarse y, si ninguna de ellas funcionaba, decírselo a un adulto. A esta habilidad le puso el nombre de «la habilidad Tobías».

Lethan, cuya madre tenía una discapacidad, vivía con sus abuelos. Era muy inteligente pero también muy competitivo. Tenía muchas dificultades tanto en el aula como en su casa debido a que siempre quería ser el primero. Lethan, por ejemplo, se metía a menudo en problemas en el colegio por responder a las preguntas fuera de su turno. Su habilidad consistía en dejar que los demás fueran los primeros o, incluso, de vez en cuando, en dejarles ganar. A esta habilidad le puso el nombre «la habilidad de la tortuga».

Kaleb tenía serias dificultades con el sistema escolar y lo habían expulsado en varias ocasiones. Era tímido, tenía problemas para relacionarse en grupo y padecía de ansiedad generalizada. Se tomó la decisión de que aprendería la habilidad de tener más autoconfianza al hablar en grupo. Kaleb, que mostró gran interés en el aprendizaje de esta habilidad, quería llamarla «la habilidad del caballo».

Blayke había pasado algún tiempo viviendo con su abuela. Tras regresar a casa de su madre, comenzaron a producirse serios enfrentamientos entre Blayke y sus hermanos que incluían agresiones físicas. Estuvo de acuerdo en aprender la habilidad de controlar su ira mediante la utilización de «la mano amiga», ya mencionada. En su caso, le puso el nombre de «la habilidad de la Pantera Rosa».

Los cinco muchachos se vieron con Neal y Barbara de forma semanal durante un período de siete semanas. En la primera reunión mantuvieron un debate acerca de las habilidades que habían aprendido hasta entonces y de cómo lo habían logrado. Por ejemplo, Zac informó de que había aprendido a montar en moto. Esto llevó a un debate sobre lo que Zac había hecho para conseguir algo tan difícil, y sobre si se podría aplicar algo similar a la habilidad de ser capaz de controlar la ira hacia su hermano.

Otro tema tratado fue por qué era importante que aprendiesen habilidades específicas. Aquí el grupo resultó ser útil al ayudar a los demás a ver los diversos beneficios que se podían obtener con ello.

Todos los chicos querían que sus profesores y otros miembros de su familia más directa formaran parte de su grupo de ayudantes. Sorprendentemente, solo uno de los chicos quería pedírselo a un amigo del colegio. Blair Lewis, famoso exjugador de baloncesto profesional, y conocido comunicador motivacional, fue invitado al colegio durante el proyecto. Todos los chicos lo seleccionaron como ayudante.

Cada uno de ellos tenía que elegir un animal que lo ayudase a aprender su habilidad. Los animales de poder incluían un águila, un escorpión y una pantera negra, y significaban mucho para los chicos, por lo que elegirlos les llevó tiempo y cuidado: hicieron esmerados dibujos de ellos, los decoraron y los expusieron con orgullo en la pared. Los animales de poder representaban una fuente de inspiración, así como auténticos símbolos de la fuerza interior de los chicos. A menudo hacían referencia a ellos durante los debates grupales.

Los chicos se mostraban dispuestos a informar a sus familiares, amigos y profesores acerca de las habilidades que estaban aprendiendo. Incluso decían que les gustaría que los periódicos escribieran sobre su proyecto. Neal y Barbara prometieron ponerse en contacto con el periódico local para ver si aquello era posible.

Con el fin de aprender su habilidad, cada niño hizo un plan de cómo la llevaría a la práctica. Liam practicó la habilidad de completar tareas mediante su disposición para tener una hora fija todas las tardes de cara a realizar sus deberes. Zac practicó a diario la habilidad de «la mano amiga» con sus hermanos. Lethan practicó «la habilidad de la Tortuga», para lo cual se esforzaba en no dar respuestas a gritos en clase, a pesar de que las supiera. Kaleb practicó la habilidad de estar más seguro hablando en grupo, levantando la mano en el aula y pidiendo a los profesores una tarea nueva cada vez que terminaba la anterior. También la ponía en práctica los sábados, al acudir a la tienda del barrio y hablar con el vendedor mientras compraba helados para toda la familia. A Blayke, que, al igual que Zac, estaba aprendiendo «la habilidad de la mano amiga», le costó descubrir una nueva manera de responder a los sentimientos de ira ante la variedad de situaciones que se daban tanto en el hogar como en el colegio.

Después de tres semanas con el programa, Blair Lewis visitó el colegio para hablar acerca de su carrera en el mundo del baloncesto, acerca de cómo se había propuesto ciertas metas, y de cómo la práctica resulta esencial en el logro de los objetivos. Durante el programa, los chicos reflexionaron sobre lo que Blair había dicho respecto de la importancia de la práctica y la vuelta rápida a la acción en caso de cualquier contratiempo. Aceptaron que los momentos en los que retornaban a sus viejas formas de hacer las cosas, debían ser vistos como pequeñas recaídas, y que todo lo que tenían que hacer entonces era regresar enseguida a lo que estaban haciendo.

Transcurridas cuatro semanas, los chicos hicieron planes de cómo lo celebrarían cuando todos tuvieran dominadas sus respectivas habilidades. Querían organizar una fiesta donde hubiese pastel de chocolate con helado de vainilla, dulces, pollo con patatas fritas, cereales y barritas de chocolate. Montaron decorados, ensayaron discursos y se hizo un envío de invitaciones para los padres, profesores y amigos, además de para su nuevo héroe, Blair Lewis.

La celebración fue todo un éxito. En total participaron 36 personas, incluido el propio Blair Lewis, y compartieron el gran pastel de chocolate elaborado para la ocasión, que tenía el nombre de cada niño escrito con azúcar en polvo. Tras la recepción de los certificados por haber completado con éxito el programa de *Habilidades para niños*, cada uno de los chicos dirigió unas palabras de agradecimiento a sus ayudantes. Una madre habló sobre el positivo impacto que el programa había tenido, no solo en su hijo, sino también en el resto de la familia. Lo más destacado del evento fue cuando Blair firmó los cuadernos de trabajo a los niños.

Todos los padres dieron el visto bueno, y algún tiempo después el pequeño periódico local publicó un artículo con el título:

«Niños que aprenden nuevas habilidades», acompañado de una foto de cinco niños sonrientes que posaban junto a Neal y Barbara. El texto decía lo siguiente:

Kaleb, Blayke, Zac y Liam forman parte de un grupo de cinco niños, de edades comprendidas entre los nueve y once años, que participaron en un programa de siete semanas que contó con la implicación de familiares, amigos y profesores involucrados en apoyarlos a lo largo del proceso. Los chicos trabajaban su capacidad para la resolución de problemas practicando cada día nuevas habilidades de diferentes maneras, que incluían juegos de rol y actividades divertidas. Al final del programa, los estudiantes planificaron y organizaron un acto de graduación para celebrar los logros. Al pedirles a los graduados del primer programa de Habilidades para niños *que comentaran sus impresiones una vez finalizado el proyecto, repitieron expresiones como «ha sido divertido», «agradable» y «fantástico».*

¿Cómo podemos llegar a ser una clase aún mejor?

Svetlana Teutscher es una profesora de Viena, Austria. Aunque se encuentra retirada, mantiene relación con el centro donde daba clases. Tras haber participado en un taller de formación de Habilidades para niños, *decidió intentar probar el método con la clase de 2.º C de su antiguo colegio. La clase tenía 24 alumnos, la mayoría de ellos de once años. El profesor celebró el regreso de Svetlana para trabajar con sus alumnos una hora a la semana durante un período de seis semanas.*

En la primera visita al aula, Svetlana les contó a los alumnos la siguiente historia:

> Yo iba dando un paseo por el bosque con mi perra Sheila cuando, de repente, nos encontramos con Albus Dumbledore, el gran mago de Harry Potter, que resultó ser un buen amigo nuestro. Los tres nos pusimos a hablar sobre la clase de 2.º C. Sheila y yo le manifestamos nuestra preocupación al respecto a Albus, y le comentamos que había muchos problemas en el aula, pero él nos aseguró que no existían tales problemas y que los niños solo necesitaban aprender algunas habilidades para convertirse en un verdadera superclase.

Sheila y Albus se volvieron cómplices de Svetlana durante el proyecto. Presentaron cada paso y elogiaron a los chicos por sus logros.

Los padres fueron informados acerca del proyecto con la siguiente carta:

> *El lunes, dentro de dos semanas, comenzará a funcionar un pequeño proyecto llamado* Habilidades para niños *con el fin de mejorar el espíritu*

de la clase. Nuestro lema es «¿Cómo podemos llegar a ser una clase aún mejor?». Para lograr este objetivo, cada niño debe pensar en una competencia social específica que quiera mejorar y que pueda suponer un efecto positivo para toda la clase.

Y vosotros, queridos padres, también tendréis un importante papel para hacer que esto funcione. Cuando los niños hayan decidido qué habilidad desean mejorar, se les pedirá a los miembros de las familias y a algunos amigos que los apoyen en el desarrollo de esa habilidad. A lo largo del proyecto, los niños hablarán con sus ayudantes sobre sus avances, pero también sobre sus recaídas. Como ayudantes, el trabajo más importante consistirá en que elogiéis a vuestros hijos por sus triunfos. Esto lo podréis hacer, por ejemplo, a través de manifestaciones de aliento como: «¡Caray!, ¡eso es muy positivo!», ¡qué bien escuchar algo así!», «¿cómo has conseguido hacerlo?», o simplemente «¡estoy orgulloso de ti!». También se animará a los niños para que hablen con sus ayudantes respecto de sus recaídas o cuando algo no funcione. En estas situaciones lo más importante no es pensar en las razones por las que no salió bien. Será suficiente con que podáis transmitirles palabras alentadoras como: «Estoy seguro de que la próxima vez te saldrá bien».

¡Gracias por vuestra amable colaboración!

Además de los padres, un grupo de niñas de mayor edad y niños de sexto grado se unieron para actuar de hermanas y hermanos mayores. Estos niños, cuatro años mayores que los alumnos de la clase de 2.º C, tenían el papel de apoyarlos y de elogiarlos una vez aprendieran las habilidades.

Cada alumno recibió un cuaderno de trabajo de *Habilidades para niños* en el que escribían las habilidades que iban a aprender. Las habilidades decididas por los niños incluían: prestar más atención durante las clases, participar de forma más activa, ser más útiles y llevarse mejor con los demás compañeros y compañeras.

Durante las reuniones semanales, los niños utilizaron sus cuadernos de ejercicios para realizar dibujos de animales que les ayudaban a aprender sus habilidades, hacer listas de los alumnos que los apoyarían, describir cómo practicarían las habilidades, planificar cómo afrontar las recaídas y, sobre todo, anotar sus impresiones acerca su progreso.

El proyecto culminó con una celebración a la que los alumnos invitaron a sus padres, a sus hermanos y, por supuesto, a sus «hermanas y hermanos» mayores de sexto grado.

Aunque no todos los niños habían llegado a dominar del todo sus habilidades en el momento de la celebración, todos habían hecho notables progresos e iban a continuar el aprendizaje.

Algún tiempo después de la fiesta, Svetlana recopiló las opiniones de los alumnos y del profesor de la clase de 2.º C. Estos son algunos de los comentarios de los estudiantes acerca del proyecto:

Marko: «He aprendido la habilidad de llevarme mucho mejor con las niñas».

Sivania: «Tenemos que conocernos mucho más y he aprendido a comprender mejor a los demás».

Aleks: «Soy mejor en la escuela, me llevo mejor con los demás y nos ayudamos más los unos a los otros».

Karim: «Creo que muchos niños han llegado a su meta con la ayuda de nuestro profesor. Me gustaría darle las gracias».

Andrea: «He mejorado mucho mis notas. Tengo más autoconfianza, participo más en las clases y los profesores están muy contentos conmigo».

Philipp: «Hemos aprendido mucho. Podemos trabajar y jugar juntos mucho mejor. Nos llevamos mejor y ya casi nunca nos peleamos».

Jasmin: «Mediante la cooperación en grupos he llegado a conocer a otros alumnos».

Niko: «He aprendido que los otros niños me pueden ayudar».

Chris: «Algunos de nosotros hemos alcanzado nuestros objetivos. Yo, en realidad, no, pero ha sido muy divertido».

Sarah: «He aprendido a hablar sobre los problemas con los demás. Esto hace las cosas mucho más fáciles y me hace muy feliz».

El profesor expresó su valoración a Svetlana de la siguiente manera:

Me sentía contento de ver que la mayoría de los niños, pero, sobre todo, las niñas, se habían tomado el proyecto tan en serio y participaban con mucho entusiasmo. He observado que, a medida que pasaba el tiempo, las niñas se mostraban más conscientes de su relación con los chicos, con los que antes solían tener graves enfrentamientos. En la actualidad, todos se llevan de maravilla y el ambiente en la clase es bueno. El proyecto ha desempeñado, sin lugar a duda, un papel importante en esta evolución positiva.

Svetlana había disfrutado también del proyecto y al informar al respecto, comentó lo siguiente:

Estaba impresionada por lo encantados que estaban los niños con mi historia y lo dispuestos que se encontraban a confiar en su capacidad para aprender habilidades. Les gustaban mucho los cuadernos de trabajo de *Habilidades para niños.* Muchos de ellos se esmeraban al pintar dibujos y mostraban bastante imaginación al nombrar y dibujar a sus animales de poder. El proyecto implicaba mucho trabajo en equipo y debates en clase, y me sorprendió lo maduros, competentes y creativos que eran buena parte de los niños.

Cómo mejorar el ambiente de una clase especial

Esta es una historia relatada por Nadine Callens, que trabaja como orientadora escolar en un centro de Flandes, Bélgica. En ella describe su colaboración con un profesor de escuela secundaria que se hallaba preocupado por la conducta disruptiva de los alumnos de su clase de educación especial. Los niños contaban entre once y trece años, la mayoría presentaba inteligencia límite, con un cociente intelectual entre 70 y 85, algunos tenían importantes dificultades de aprendizaje e incluso problemas graves de comportamiento. La escuela secundaria estaba especializada en preparar a los niños en la formación requerida para poder ser carpinteros, electricistas, trabajadores de la construcción y otras cualificaciones profesionales por el estilo.

En un principio, el profesor de la clase se puso en contacto con Nadine para que lo ayudara a diseñar un sistema de recompensas para los alumnos por su buen comportamiento y mejorar con ello el ambiente de la clase. Nadine informó al profesor sobre *Habilidades para niños* y decidieron unir esfuerzos para encontrar una manera de implementar el método con los alumnos. Su intención era desarrollar algún tipo de rutina que los profesores pudiesen utilizar de forma independiente en sus clases.

El profesor y Nadine comenzaron por reunirse con los alumnos para preguntarles sobre sus sueños de futuro: «¿por qué decidieron venir a esta escuela en particular?», «¿qué esperaban conseguir con su asistencia?» y «¿por qué sus metas eran importantes para ellos?». La mayoría de los alumnos aseguró que su sueño era obtener un trabajo y hacer que sus padres se sintieran orgullosos de ellos.

El profesor y Nadine les preguntaron qué tipo de habilidades necesitaban aprender o mejorar, con el fin de convertir sus sueños en realidad. Las habilidades que surgieron encajaban en cinco categorías. La primera categoría consistía en habilidades académicas tales como ocuparse de los deberes, escribir con esmero y concentrarse en una tarea cada vez. La segunda categoría consistía en habilidades relacionadas con buena conducta en la clase, como levantar la mano para pedir permiso para tomar la palabra, permanecer en el asiento, hablar sin levantar la voz, y salir y entrar de clase con calma. La tercera categoría estaba relacionada con la interacción con los compañeros, con habilidades como aprender a jugar con los demás, darse cuenta de cuándo los necesitaban otros compañeros y ofrecerse a ayudar, dejar de pelear y aprender a trabajar con aquellos que no eran sus amigos. La cuarta categoría incluía habilidades relacionadas con la comunicación con adultos, como escuchar sin interrumpir, entregar a los padres las cartas procedentes de la escuela, y utilizar expresiones como «señor» y «señora» al dirigirse a los profesores. La quinta categoría abarcaba habilidades que tenían que ver con sentirse bien con uno mismo, tales como atreverse a hablar sobre los problemas de uno con los adultos, ser capaz de calmarse uno mismo y poder expresar las propias opiniones sin gritar.

Los beneficios de las habilidades también se discutieron: «¿por qué es importante tener esta habilidad?», «¿qué pasa con esa otra?», «¿por qué es menos importante?». Por ejemplo, cuando se les preguntó a los niños por qué era importante aprender a levantar la mano y esperar el turno y el permiso para hablar, uno de ellos dijo que había notado que cuando lo hacían, la clase estaba más tranquila y los profesores hacían más bromas.

Cuando el profesor y Nadine se reunieron con los alumnos por segunda vez, le dieron a cada uno una hoja de papel en la que figuraban todas las habilidades que habían sido identificadas en la reunión anterior, así como un montón de etiquetas de dos tipos: estrellas fugaces e insignias de honor. Luego pidieron a los chicos que se autoevaluasen adjuntando etiquetas a las habilidades que figuraban en la hoja. Las habilidades en las que consideraban que ya eran buenos, se debían catalogar con insignias de etiquetas de honor, mientras que las habilidades en las que sentían la necesidad de mejorar, debían ir acompañadas de etiquetas de estrellas fugaces. Después de la clase, cuando la maestra revisó las autoevaluaciones de los alumnos, le comentó a Nadine que estaba impresionada por lo conscientes que eran de sus fuerzas y debilidades.

Entonces se les pidió que eligieran una de las habilidades que habían marcado con una estrella fugaz, siendo esta la habilidad en la que debían mejorar. La idea era que habría dos rondas: durante el presente semestre, los alumnos decidirían por sí mismos qué habilidades mejorar; pero en el siguiente semestre, se les pediría a los padres que fueran ellos quienes decidieran qué habilidades querían que sus hijos perfeccionasen.

—Voy a haceros una pregunta en particular —les dijo Nadine a los alumnos cuando visitó la clase por tercera vez—. Es una cuestión importante. Deseo que os concentréis y que la penséis bien. La pregunta es: «¿Cómo os beneficiaría a cada uno de vosotros el aprendizaje de esta habilidad?».

La mayoría de los niños pudo responder sin mucha ayuda. Por ejemplo, Michal, que quería aprender a decir «no» a los chicos mayores que le pedían que hicieran algo malo, explicó que sería bueno para él porque haría que su hermana y su madre lo quisiesen más y se sintieran orgullosas de él. Esto lo ayudaría a librarse de la cárcel (su padre había estado en prisión varias veces).

Kevin, que quería mejorar su autocontrol, dijo que su habilidad le vendría bien porque lo ayudaría a evitar los castigos que recibía después. Muy solemne, añadió que eso lo haría más popular y que a las chicas les gustaría más.

El profesor y Nadine dividieron a los alumnos en grupos de dos o tres y les pidieron que se entrevistaran mientras sostenían un micrófono imaginario en su mano. Debían preguntar acerca de lo bien que dominaban todos su habilidad, cuándo habían podido «llevar esta a cabo» y cómo lo habían logrado. El entrevistador se encargaría de decir algo como: «¡Bueno!» o «¡guau!», cuando el entrevistado dijera las veces en las que había sido capaz de «llevar a la práctica» su habilidad.

Cuando todos fueron entrevistados, los alumnos informaron de sus hallazgos. Resultó que había una gran cantidad de pequeños trucos que habían facilitado el aprendizaje de sus habilidades. Un chico, por ejemplo, dijo que a veces, cuando sentía que iba a explotar, se marchaba a su habitación y tocaba la guitarra. Otro niño contó que metía los puños apretados en los bolsillos de sus pantalones. Una niña explicó que a ella le ayudaba imaginarse que había «plantado» la habilidad en su cerebro, como si se tratara de la flor de una maceta. Un chico aseguró que a él le funcionaba pensar en su abuelo, puesto que quería que estuviera orgulloso de él.

El profesor y Nadine imprimieron una lista con el nombre de cada niño y una breve descripción de la habilidad que querían aprender. Una copia de esta lista fue distribuida a todos los profesores, junto con una petición para llevar un registro de las veces que el alumno mostraba su habilidad y para elogiarlo cuando esto sucediera.

Con el fin de involucrar a las familias en el proyecto, Nadine y el profesor las invitaron junto con los niños a la tarde de los padres. Aquí se les informó acerca de *Habilidades para niños* y sobre las habilidades que sus hijos iban a aprender. A los padres les dijeron que se esperaba de ellos que hicieran de ayudantes para sus hijos, y que esto podían conseguirlo mediante ánimos, consejos y elogios cuando sus hijos demostrasen la habilidad. El profesor y Nadine también pidieron a los padres que continuaran sirviendo de apoyo, aunque a veces el progreso flaqueara. En estas situaciones debían transmitirles algo alentador, como: «Mañana lo harás una vez más» o «con toda probabilidad será un día mejor».

Por la tarde, les pidieron que explicaran a sus hijos por qué creían que era importante aprender la habilidad y qué les hacía estar seguros de que el niño iba a lograrlo. Los niños, así como los padres, parecían disfrutar bastante de estas breves conversaciones.

Durante el proyecto, Nadine también se reunía a nivel individual con algunos de los alumnos. Se trataba de todos aquellos que habían elegido habilidades complicadas o que podían suponer un desafío para ellos, tales como un mejor autocontrol, o decir «no» a las malas influencias. A Nadine le pareció divertido el trabajo con los chicos. En contraste con la situación más común, donde su profesor enviaba a los alumnos a que acudieran a verla, estos muchachos lo hacían por iniciativa propia con el fin de hablar con ella sobre algo que podía marcar la diferencia en un futuro.

Louis, un chico de 12 años procedente de Ruanda, era uno de los que querían conversar en privado con Nadine. Le dijo que la habilidad extra que quería mejorar consistía en «estudiar más». Si era capaz de lograrlo, según explicó Louis, sería posible que lo trasladaran a una clase corriente y más exigente; además, se sentiría más orgulloso de sí mismo. Nadine, que se sorprendió al oír esto, abrió el archivo de Louis y encontró que, a diferencia de muchos de sus compañeros de clase, las dificultades de su aprendizaje no se basaban en un CI bajo, sino en una dislexia seria. De hecho, el registro mostró que su CI era de 117 y, por lo tanto, se hallaba muy por encima de la media. Nadine ayudó a Louis a trazar un plan para aprender a estudiar más sobre la base de los principios de *Habilidades para niños*. Debido a su fuerte motivación y al hecho de que la escuela lo apoyó con la adquisición de un ordenador especial y adecuado a sus necesidades, al año siguiente Louis fue trasladado a una clase corriente y más exigente.

El profesor continuó el proyecto con los alumnos durante todo el semestre. Durante sus clases, también prestó atención a las habilidades que los alumnos practicaban, y los elogiaba de manera generosa por comportarse de modo adecuado. Al final del semestre, organizó la fiesta para celebrar el aprendizaje de las habilidades. Todos los profesores de estos alumnos fueron invitados, así como todos los alumnos de las otras dos pequeñas clases de educación especial, cuyos profesores ya planeaban hacer algo similar.

Lo más destacado de la fiesta fue un concierto para el que los alumnos habían preparado una actuación musical que consistía en tocar las carpetas de anillas con palillos. El concierto fue dirigido por el profesor de música y había sido ensayado como es debido durante las clases que los alumnos tenían con él. La historia oculta tras el concierto era que los alumnos habían estado jugueteando con sus carpetas de *Habilidades para niños*, con lo que producían chasquidos mientras abrían y cerraban los mecanismos de las mismas. El profesor le había consultado a Nadine sus dudas respecto de aquel comportamiento y, juntos, pensaron en una solución creativa. En lugar de pedir a los alumnos que dejaran de hacer el molesto chasquido, los felicitaron por su creatividad y les dijeron que el profesor de música había estado de acuerdo en ayudarlos a actuar en la celebración tocando sus carpetas. Los niños se mostraron encantados con tan inesperada propuesta que había transformado el ruido en música. Redefinir el comportamiento ruidoso como un intento de hacer música ayudó a los alumnos a limitar dicho comportamiento a las clases de música.

A principios del siguiente semestre, el profesora habló por separado con los padres de cada alumno y les preguntó qué habilidad deseaban que sus hijos aprendieran a continuación. Los padres, que estaban contentos con los resultados del proyecto del semestre anterior, sugirieron de inmediato nuevas habilidades para sus hijos. La segunda ronda también tuvo éxito, con el resultado de que, al final del curso escolar, la fiesta con la barbacoa de costumbre pasó a ser la celebración de las habilidades que los niños habían aprendido.

El profesor comentó que los proyectos no solo habían contribuido a mejorar el ambiente de la clase, sino que habían facilitado tratar determinados asuntos con los alumnos, así como con los padres. Así, cuando Nadine sugirió que podrían realizar el proyecto al año siguiente otra vez, aceptó sin ningún problema.

Informar a los padres

Para que los proyectos de *Habilidades para niños* basados en la escuela funcionen, la cooperación con los padres de los niños es un apoyo fundamental para el éxito de tales proyectos. Los padres pueden ser invitados a participar de muchas maneras. A menudo, lo hacen al final del proceso, en la organización de la celebración, pero, además, también deberían desempeñar algún papel sirviendo de soporte a sus hijos; por ejemplo, mediante la aprobación de las habilidades que los niños aprenden, explicándoles por qué sus habilidades son importantes para ellos y mostrando interés en su progreso. Una forma habitual de incluir a los padres en el proceso consiste en invitarlos a una reunión donde se les informa sobre el proyecto a realizar. Si esto no es posible, una alternativa pasa por comentarles el proyecto a través de un correo electrónico. A continuación, presentamos un ejemplo de carta informativa para los padres referente a un proyecto de *Habilidades para niños*.

Querido _____

_____ quiere pedirle que lo/la apoye en el aprendizaje de las siguientes habilidades:

_____
_____

Con el fin de aprender las habilidades, los niños necesitan apoyo, ánimos y ayuda por parte de sus familiares y amigos. Como ayudante, se espera de usted que:

- Ayude a su hijo a entender por qué es importante que aprenda esta habilidad.
- Estimular la autoconfianza de su hijo con palabras estimulantes.
- Mostrar un interés de forma continuada en el progreso de su hijo.
- Ofrecerle ayuda si el niño experimenta dificultades en el aprendizaje de la habilidad.

Por la presente, me comprometo a ser un ayudante de _____

Firma _____

Ejemplos de palabras estimulantes para su hijo:

_____
_____
_____
_____
_____

Una carta dirigida a una clase

Maiju Ahola es maestra de una escuela primaria y trabaja en la ciudad de Järvenpää, en Finlandia. Ha descrito la modificación lúdica de una clase entera de *Habilidades para niños*, para mejorar el ambiente y la conducta del alumno, llamada «La caza de la Clase Magistral». El proyecto «Clase Magistral» comienza de manera impresionante. Al entrar en el aula, los niños se encuentran en el centro de la sala a su profesor, sentado en el suelo, frente a una fogata hecha con velas encendidas y palitos de madera. En medio de ese clima de misterio, el profesor indica a los niños que se sienten alrededor del fuego para escuchar una historia poco común. Cuando todos están ya sentados y tranquilos, el profesor lee en voz alta una carta que ha encontrado en su taquilla de la sala de profesores. La carta dice así:

¿Sabes quién soy? No soy ni taxista ni secretario. Ni un bibliotecario, ni un trabajador de la construcción. Tampoco soy un profesor, a pesar de que podría tratarse de un trabajo interesante.

Soy una persona que ha estado deambulando por este país durante mucho tiempo para ver cómo son las clases. He estado buscando algo especial y ahora creo que mi búsqueda ha terminado. Al final, he dado con vuestra escuela y vuestra clase.

Es probable que no hayáis notado nada fuera de lo normal, pero, en verdad, durante los últimos días he estado prestando atención a vuestra clase. Después de haberlo pensado con cuidado, he llegado a la conclusión de que tenéis lo que se necesita.

Esta es la clase en la que me gustaría llevar a cabo esta importante misión.

Soy viejo ya, y es hora de que alguien más continúe «La caza de la Clase Magistral».

Pero antes de empezar, es necesario trabajar juntos para averiguar lo que sería una Clase Magistral en la práctica.
Buena suerte en vuestra caza.
Os saluda atentamente,

Olokuza

Con esta carta de la misteriosa Olokuza, los niños quedan invitados a participar en un proyecto que implica, entre otras cosas: identificar las habilidades que deben aprender, crear grupos, centrándose cada uno en una habilidad en particular, más ayudar a toda la clase a aprenderla; elegir animales de poder personales, involucrar a los padres como ayudantes; seguir con los avances, la planificación de la celebración y pensar acerca de cómo recuperarse de las recaídas.

Cartas de Apoyo

En la escuela infantil Keula, donde se desarrolló *Habilidades para niños* en origen, los profesores han tomado la costumbre de escribir cartas de apoyo a los niños firmadas por «Bam, el mago de los niños».

Bam es el nombre de una marioneta vestida con un traje y un sombrero azul, adornado con estrellas amarillas. La persona que sostiene a la marioneta Bam puede hacerla gesticular mientras habla con los niños.

Los niños de preescolar quieren a Bam y, en definitiva, pretenden que esté presente cuando se celebre el aprendizaje de sus habilidades. La idea de utilizar al mago-marioneta procede del programa de ordenador *Bam, el mago de los niños* (Furman, 2005), donde Bam es el personaje animado y encantador que dirige al niño a través de los pasos de *Habilidades para niños*.

Este primer ejemplo es una carta de Bam a Michael, un niño de seis años que perdía los estribos con las cosas más insignificantes y que, cuando eso sucedía, lanzaba las gafas y a menudo terminaba rompiéndolas. Su habilidad consistía en «mejorar sus nervios», y el nombre que le puso a esta fue «la habilidad del tigre».

Hola, Michael,

¿Cómo estás? Yo, bien. Soy Bam, el mago de los niños, y me he dado cuenta de que esos nervios han mejorado. Incluso aunque de vez en cuando tengas molestias, te dejas las gafas puestas más a menudo. Debo decir que de verdad admiro mucho eso de ti. No es nada fácil dominar una habilidad como «la habilidad del tigre». Bien hecho. Espero que llegue pronto tu fiesta de Habilidades para niños, *con ese zumo rojo delicioso*

y esos bombones. ¡Hum! Por eso quiero decirte: «¡A por "la habilidad del tigre"!».
Atentamente,

Bam, el mago de los niños.

La siguiente carta fue recibida por Rick, de cinco años de edad, que acababa de tener su celebración por aprender a estar callado y tranquilo durante la lectura, antes de la pausa obligatoria y la siesta. Incluye una sugerencia de la siguiente habilidad que debería aprender.

¡Hola, Rick!

¿Cómo estás? Yo, bien. Soy Bam, el mago de los niños, y creo que es hora de que aprendas una nueva habilidad. Tu fiesta fue muy divertida, y es sorprendente lo bien que has aprendido a concentrarte en escuchar la lectura y ver con qué tranquilidad descansas en la cama. ¡Excelente trabajo! Creo que estaría genial si eligieras «comer bien» como la siguiente habilidad. Sería muy bueno para ti, porque me he dado cuenta de que te encanta comer y de que te gustan muchos tipos diferentes de comida. La mesa se quedaría ordenada y, la ropa, limpia. Tu madre estaría contenta al descubrir que has aprendido a comer con calma y de manera ordenada. ¿Os lo vais a pensar los dos? También podrías pensar en las cosas deliciosas que podrías servir cuando llegue el momento de tu celebración. A propósito, el zumo ¿será de color rojo o amarillo? ¡Ah, espero con muchas ganas unirme a tu celebración, Rick!
Atentamente,

Bam, el mago de los niños.

La siguiente es una carta de apoyo que se basa en lo que Ron había acordado con los profesores al principio de esa misma mañana.

Hola, Ron.

¿Cómo estás? Yo estoy bien. Soy Bam, el mago de los niños, y fue genial estar en tu última fiesta. ¡Gracias por los dulces! Os he escuchado mientras hablabas con tus profesores hoy. Ellos te han sugerido que aprendieras una habilidad, «aprender a hablar como un niño grande cuando mamá y papá vengan a recogerme». Incluso se te ocurrió un nombre excelente para la habilidad: «Escuela de niños grandes». ¡Guau! Cuando la hayas aprendido, he pensado que podríamos celebrarlo con caramelos, aunque deberías preguntar a tus padres si te dan permiso para ello. Acordamos que, si en algún momento te olvidabas de la habilidad, podíamos ayudarte a recordar. Acordamos que, en ese caso, te podríamos decir: «Recuerda la "Escuela de niños grandes"». Bueno, espero de nuevo ser un invitado más en tu fiesta. ¡Creo que vas a aprender esta habilidad porque has aprendido un gran número de cosas nuevas hasta ahora!
Atentamente,

Bam, el mago de los niños.

En el Centro Académico Fournier, en Montreal, Canadá, una escuela para niños que presentan trastornos graves de conducta, la psicóloga escolar Louise Paquin ha tomado la costumbre de invitar a los alumnos a participar en *Habilidades para niños*, en correspondencia con sus héroes. Por eso se toma su tiempo para redactar respuestas cortas a las cartas de los alumnos en nombre de sus héroes. La siguiente carta es una respuesta a Espédie, que nombró como héroe a Daddy Yankee, el famoso cantante y músico de reguetón.

¡Fenomenal! !Guau!
¡Qué nombre más original... Espédie!
¡Es genial que me elijas como ayudante! ¡Todo un honor! Por favor, acepta mis disculpas por tardar tantos días en responderte. He estado ocupado con un evento tras otro y tenía que encontrar a alguien que me ayudase a escribir en francés. Haré todo lo posible para ayudarte y te voy

a escribir todas las semanas. Ya sabes, Espédie, que cuando escribo mis mejores canciones tengo que estar en silencio para hacer un buen trabajo. Creo que si de verdad vas a trabajar en clase, también tú necesitarás aprender a hacerlo en silencio.

    Espero saber de ti pronto.

    Tu nuevo amigo,

Daddy Yankee

El siguiente ejemplo es una respuesta a Jeffrey, que había elegido como héroe al capitán Jack Sparrow, la estrella de la saga *Piratas del Caribe*.

¡Hola, marinero Jeffrey!

    ¿Has fregado la cubierta? ¿Has trabajado en la cocina? ¿Has subido al mástil para ver si algún peligro se extiende en el horizonte? ¡Para ser un buen marinero tienes que ser capaz de realizar varias tareas al día! Si quieres ser parte de mi equipo, debes obedecer mis órdenes. Así que comenzarás tu práctica obedeciendo las demandas de la señora Isabella, y luego veremos si puedes ser parte de mi tripulación. ¡Confío en ti, Jeffrey!

    Atentamente,

Capitán Jack Sparrow

La siguiente carta es para Billy, que decía palabrotas y hablaba de manera grosera. Aunque el año anterior progresó, reapareció el comportamiento y necesitaba trabajarlo de nuevo. Había elegido a Batman como héroe.

Billy, amigo mío,

    He pensado en ti esta semana porque quiero que tengas éxito en tu misión de aprender a hablar con educación. Hice algunas averiguaciones y me dijeron que el año pasado conseguiste muchas mejoras en tu proyecto

«¡Cuando hablo bien, las cosas me van mejor!». Creo que si ya fuiste capaz de hablar bien el año pasado, serás capaz de hacerlo de nuevo. Nosotros los superhéroes siempre hablamos con amabilidad, a pesar de todas las emociones fuertes que debemos manejar. Si quieres ocupar el lugar de Robin a mi lado, tendrás que aprender a estar tranquilo. Para tener éxito, tan solo recuerda realizar una respiración profunda y pronto tendrás el control. No te hará ningún bien hablar de manera grosera, por eso, deja ese hábito.

Tu amigo,

Batman

El último ejemplo es una carta a Jérémy, quien, como la mayoría de los niños de su clase, tenía dificultades para controlar su temperamento apasionado. Había elegido a Spiderman como héroe.

¡Hola, Jérémy!

¿Sabías que debo lidiar con un montón de emociones cuando estoy en una misión? Con el fin de mantener la calma, lo que hago es fijarme metas pequeñas y me concentro en respirar de manera profunda. Mi sugerencia para ti es que, antes que nada, elijas un nombre para tu nuevo objetivo de mantener la calma y no gritar. Sin duda, tu profesora Isabelle mostrará interés en oír lo que se te ocurra.

Buena suerte y hasta pronto.

Spiderman

Ayudantes imaginarios

Las *ayudantes imaginarios* pueden ser cualquier cosa: desde ositos de peluche a espíritus benignos, y desde estrellas de *rock* a campeones de fútbol. Los niños mayores, en particular los adolescentes, pueden considerarlas infantiles a veces, y para ellos, objetos como piedras mágicas, amuletos y otros símbolos de fortaleza interior pueden resultar más apropiados.

El *ayudante imaginario* se puede utilizar en todo tipo de formas ilusorias durante el proceso de aprendizaje de las habilidades. Parece que a los niños les gusta en especial la idea de establecer algún modo de comunicación con su *ayudante imaginario*. Para ellos es simple: se trata de algo mágico en la comunicación con un ser imaginario que está destinado a ayudarlos a mejorar sus habilidades y a ser más felices. A menudo, resulta más fácil aceptar el consejo del *ayudante imaginario* que el de otras personas; además, unas palabras de apoyo y valoración que vengan de un ser así tienden a caer en terreno fértil, aunque el niño sepa que uno de los adultos se halla detrás de los mensajes.

Epílogo

Si las historias de este libro te han inspirado y quieres probar *Habilidades para niños*, puedes beneficiarte de estas últimas sugerencias que reflejan las preguntas que se suelen plantear las personas que comienzan a utilizar *Habilidades para niños*.

1. Asegurarse de mantener una buena comunicación con el niño

Habilidades para niños es un método basado en la cooperación y no funcionará a menos que se prepare el terreno a través del contacto o de la buena relación con el niño. Esto se puede llevar a cabo de muchas maneras como, por ejemplo, mediante el juego, mostrando interés por sus aficiones y por sus actividades favoritas, o a través de charlas con él acerca de sus expectativas y sus preocupaciones. También es posible contarle al niño su tarea mediante la presentación del enfoque de *Habilidades para niños*. Cuando se trabaja con este método, aquellas resultan en especial apropiadas para preguntarle al niño qué habilidades difíciles ha conseguido aprender o dominar.

2. Asegurarse de que el niño está de acuerdo en aprender la habilidad

Si el niño identifica la habilidad a aprender, lo más probable es que se vea comprometido a aprenderla. Si, en cambio, la propuesta proviene de un adulto, como un profesor o un padre, resulta importante que él acepte aprenderla. Para obtener el consentimiento del niño se aconseja presentarle la propuesta con respeto;

por ejemplo: «A tu profesor le gustaría que aprendieras a recurrir a él cuando te enfadas con otros niños. Cree que te vendría bien, que podría ayudarte a evitar peleas y te haría más feliz en el colegio. ¿Qué crees tú? ¿Sería eso bueno para ti?».

Al intentar convencer a un niño de la importancia de aprender una habilidad en particular, conviene evitar el componente persuasivo con él. En su lugar, en cambio, es bueno recurrir a los padres del niño y a otros ayudantes para pedirles que le expliquen por qué es importante aprender la habilidad.

En caso de que el niño no acepte, o no se encuentre en realidad interesado en el aprendizaje de una habilidad en particular, se desaconseja intentar engatusarlo. Una alternativa mejor consiste en echarse atrás y preguntarle si preferiría aprender otra habilidad en su lugar. Al decantarse por una que él mismo elija, el niño adquiere experiencia con el enfoque y, suponiendo que la experiencia sea positiva, es probable que acepte aprender habilidades propuestas por adultos.

3. Asegurarse de que la habilidad es realizable

Como se mencionó con anterioridad, es muy difícil, si no imposible, que los niños aprendan a «no hacer *tal* o *cual* habilidad», como «no voy a aprender a golpear a otros niños», «voy a dejar de mentir», o «no voy a chillar y gritar cuando no consiga lo que quiero».

Conviene asegurarse de averiguar junto con el niño cómo tiene que aprender a comportarse de una forma adecuada. La habilidad debe ser «realizable» o «practicable» para el niño, de modo que se sienta capaz de exteriorizarla o mostrarla tanto en un juego de rol como en la vida real. Por ejemplo, «aprender a no chillar ni gritar» no cuenta como una habilidad que se pueda llevar a cabo, pero «aprender a expresar mi decepción de una forma apropiada» sí que cuenta.

4. Síntomas específicos de las alteraciones

La mayoría de los trastornos psiquiátricos de los niños, como el TDAH, el autismo, trastornos de conducta, trastornos del desarrollo, trastornos de ansiedad y trastornos afectivos, son «síndromes». Esto significa que se trata de combinaciones de varias características o síntomas que tienden a presentarse juntas. *Habilidades para niños* no se puede utilizar para controlar directamente los trastornos psiquiátricos, pero se puede aplicar de forma indirecta, ayudando a los niños a tratar con las características distintivas o manifiestas del trastorno. Si el fin consiste en utilizar *Habilidades para niños* para ayudar a los que han sido diagnosticados con trastornos psiquiátricos, es mejor realizar un inventario de las características del trastorno, es decir, de las emocionales y las conductuales, y usarlas como base para identificar las habilidades que el niño necesita aprender. A menudo, para entender las distintas características de la enfermedad en cuestión resulta útil preguntar: ¿cómo se muestra (el trastorno) en su comportamiento?, o ¿qué problemas supone (el trastorno) para el niño?

5. Ser flexible

Cuando se empieza a utilizar *Habilidades para niños*, se deben aplicar de forma segura los 15 pasos mencionados con anterioridad. Sin embargo, tan pronto como se haya adquirido cierta experiencia, se puede experimentar saltándose algunos o alterando su orden.

Por ejemplo, en vez de empezar con el paso uno (Convertir el problema en una habilidad), es posible considerar hacerlo con el paso siete (Generar confianza), invitando al niño a que diga cosas que haya superado o habilidades que haya aprendido hasta la fecha. O puede ser que, incluso, convenga empezar por el paso catorce (Transmitirle la habilidad a otra persona), por ejemplo, pidiéndole al niño que nos ayude a averiguar una manera de enseñarle a un osito de peluche la habilidad requerida.

6. Estar preparado para los contratiempos y los obstáculos

Los casos de este libro se basan en las contribuciones de las personas que han escrito informes del uso exitoso de *Habilidades para niños*. Estos ilustran de manera clara cómo llevarlo a la práctica. Sin embargo, corren el riesgo de transmitir un falso retrato de *Habilidades para niños* como un remedio universal, que siempre hace maravillas con independencia del problema o situación. En el uso de este método se debe estar preparado para encontrar contratiempos y obstáculos. Por ejemplo: la motivación inicial del niño puede desaparecer; un problema inesperado puede hacer acto de presencia; la cooperación con los padres o los profesores puede llegar a ser más difícil de lo esperado, etc… En muchos casos es posible superar estas dificultades, pero, sin duda, hay situaciones en las que *Habilidades para niños* tiene que combinarse con otras formas de intervención, y es probable que con un enfoque del todo diferente la ayuda resulte más apropiada.

7. Y tener una visión más amplia

A pesar de la estructura paso a paso, de las instrucciones detalladas, e incluso de un cuaderno de trabajo que adjuntar, *Habilidades para niños* no pretende erigirse en un protocolo que deba seguirse con rigor. Se trata, más bien, de una propuesta de un posible conjunto de pautas que pueden ayudarnos a trabajar con los niños y sus familias de una manera que dé esperanza, involucre a la comunidad y reconozca el valor de la creatividad inherente de nuestros hijos.

Fuentes de *Habilidades para niños*

BAUER, C. y HEGEMANN, T., *Ich Schaff's! Cool ans Ziel. Das lösungsorientierte Programm für die Arbeit mit Jugendlichen,* Heidelberg, Carl-Auer Verlag, 2008.

FURMAN, B., *Kids' Skills. Playful and Practical Solution-finding with Children,* Bendigo (Australia), St. Lukes Innovative Resources, 2004.

—, *My Kids' Skills Workbo ok,* Helsinki, Helsinki Brief Therapy Institute, 2009.

—, *Bam, The Kids' Wizard,* Educational computer program based on *Kids' Skills,* Helsinki, Helsinki Brief Therapy Institute [disponible en inglés, alemán, holandés, suizo y danés], 2005.

—, *Kids' Skills for Parents. A Manual for a Five Session Parenting Program Based on the Principles of Kids' Skills,* 2009 [disponible solo en el entrenamiento de los entrenadores].

—, *Kids' Skills Parents' Guide,* Helsinki, Helsinki Brief Therapy Institute, 2004.

—, The Kids' Skills website: www.kidsskills.org

—, (próximamente), *Habilidades para niños* «online», programa basado en Internet para facilitar la comunicación entre los padres, el colegio y otros cuidadores [www.kidsskillsonline.com].

Referencias

DIBBEN, K., «Bid to head off firebugs», Sunday Mail Brisbane, 11 de noviembre de 2007, p. 35.

FREEMAN, J., EPSTON, D. y LOBOVITS, D., *Playful Solutions to Serious Problems. Narrative Therapy with Children and Their Families,* Nueva York, Norton Professional Book, 1977.

Haley, J., *Uncommon Therapy: The Psychiatric Techniques of Milton H. Erickson, M.D.*, Nueva York, Norton Professional Book, 1986 [trad. cast.: *Terapia no convencional*, Buenos Aires, Amorrortu, 1994].

—, *Leaving Home: The Therapy of Disturbed Young People*, Nueva York, Brunner Mazel, 1997.

Rosen, S., *My Voice Will Go with You: The Teaching Tales of Milton H. Erickson, M.D.*, Nueva York, Norton, 1982 [trad. cast.: *Mi voz, irá contigo*, Barcelona, Paidós, 1986].

White, M., «Pseudo-encopresis: From Avalanche to Victory, From Vicious to Virtuous Cycles», en *Family Systems Medicine*, vol. 2, n.º 2 [reed. en White, M., *Selected Papers*, Adelaida, Dulwich Centre Publications, 1989, pp. 115-124.

Fuentes relacionadas

Franklin, C., Biever, J., Moore, K., Clemons, D. y Scamardo, M., «The Effectiveness of Solution-Focused Therapy with Children in a School Setting», *Research on Social Work Practice*, vol. 11, n.º 4 (2001) pp. 411-434.

Insoo, K. B. y Steiner, T., *Children's Solutions Work*, Nueva York, Norton, 2003.

Ratner, H., «Solution-focused Therapy in Schools», en Nelson, T. y Thomas, F. N. (eds.), *Handbook of Solution-Focused Brief Therapy: Clinical Applications*, The Haworth Press, 2007, pp. 95-105.

Selekman, M., *Solution-Focused Therapy with Children: Harnessing Family Strengths for Systemic Change*, Nueva York, Guildford Press, 1997.

Tolksdorf, S., «Tips and Tricks for Working with Children: Solution-Focused Brief Therapy in a German classroom», en Nelson, T. y Thomas, F. N. (eds.), *Handbook of Solution-Focused Brief Therapy: Clinical Applications*, The Haworth Press, 2007, pp. 191-224.

White, M. y Epston, D., *Narrative Means to Therapeutic Ends*, Nueva York, Norton, 1980.